大峠に臨む
日月神示

地震(二日ん)の巻

［新装版］

中矢伸一

ヒカルランド

まえがき――スウェーデンボルグの霊界論と一致する二日《じし》んの巻

人間の本質は霊的存在

人は何のためにこの世に生きるのか。どこから生まれ来たり、そして、死して後に何処《どこ》へ行かんとするのか。

古《いにしえ》の昔より、人類はこの最大の謎の解明に取り組んできた。様々な宗教が発生し、様々な死生観が生まれた。

ある人々は現世を苦悩に満ちた悪道の世と見なし、死した後に光明の世界が待っていると信じた。またある人々は、この世に神と悪魔との戦いの姿を見て取り、主なる神に従えば救われると説いた。

日本の原初的な信仰においては、死者は穢《けが》れたものとして忌《い》み嫌われた。また、死者の赴《おもむ》く世界は「黄泉《よみ》の国」と呼ばれ、恐れられた。

現代においても、霊界というところは、未知の世界のままである。

死して後も魂は生き続けると信じる人もいる。死んだらすべてが終わると考える人もある。日本人の死生観は、いまだに多様なものがある。

近年では、「臨死体験」というものがクローズアップされ、人の死に対する科学的な研究がスポットライトを浴びるようになってきた。それはそれで、大変に結構なことだと思う。死は、生きている限り誰にも必ず、平等に訪れる。本来ならば、どのような死を迎えればよいか、そのためにどのような生き方をすればよいのかを、真剣に考えなくてはいけないはずである。にもかかわらず、世間ではそれをいたずらにタブー視し、辛気臭《しんきくさ》いもの、宗教めいたものとして避ける傾向にある。

霊という言葉を使うと、一般の人は必ずと言っていいほど拒否反応を示す。宗教とつなげて考える人も多い。

しかし、そもそもわれわれは、霊的な存在である。もっとハッキリ言えば、人は誰しも本質的には霊なのである。

この真実を悟れば、霊的教育というものが、人生を歩む上で何にも優先する最重要課題であることが判明する。何故《なぜ》なら、この世に肉体を以て生きる目的とは、つまるところ、「霊的研鑽《けんさん》」にあるからである。その人が如何《いか》に霊的真理を体得し、霊的に成長するか。

霊的な観点からこの世をどのようにとらえ、畢竟《ひっきょう》、神という存在をどのように理解し、なおかつどのように人生において霊的真理を実践していくかということこそ、人がこの世に肉体を授かって生きる最大のテーマなのである。

日月神示とは

本書は、近代の日本に降ろされた最高レベルの啓示である「日月神示《ひつきしんじ》」の中から、霊的真理を抽出してまとめたものである。

いちおう、初めて「日月神示」の名を耳にするか、聞いたことはあるがほとんど知らないという方のために、簡単に説明させて頂きたい。

岡本天明

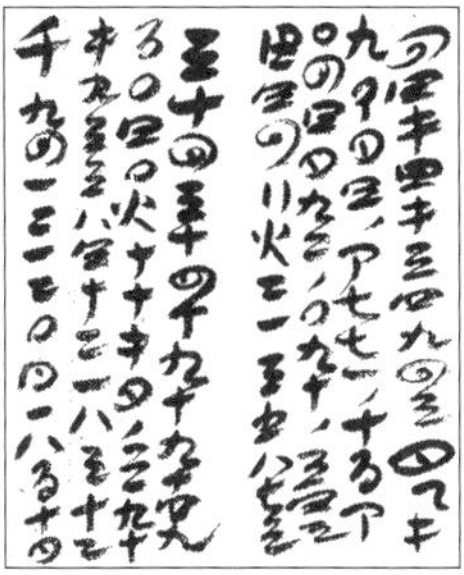

日月神示の原文

日月神示とは、天性の画家であり神道研究家であった故・岡本天明《おかもとてんめい》（一八九七〜一九六三）氏が、昭和十九年（一九四四）六月十日からおよそ十六年間にわたり、心霊現象で言う「自動書記」により断続的に記した天啓で、全三十七巻・補巻一巻から成る。

　原文はほとんどが一から十、百、千といった数字、仮名、＋や丶、⊙、◎といった記号などで構成されており、その解読には当初難解を極めた。書記した天明氏自身も最初はほとんど読むことが出来ず、「自分に憑《か》かるような霊だから、どうせ大した内容ではあるまい」と、そのまま放っておいたという。やがて、仲間の神霊研究家らの手を借りながら解読作業を進め、事の重大さに気づくまでに一年余りを要している。

　日月神示には、激動が予測される日本と世界の行く末、霊界の実相及び地上界との関係、人の人としての生き方、開運の仕方、病の治し方、そして大峠の後に訪れる「ミロクの世」すなわち地上天国の姿などの重要な内容が、時に具体的に、時に抽象的に描かれているが、なかでも第十七巻『地震の巻（二曰ん《ジシン》の〇《マ》キ）』は、全編が霊界の仕組みや霊的な真理を開示したものとなっている。

　この『地震の巻』には、日月神示の他の巻と比較して明らかに異質な点がある。それは、この巻を構成する十九帖のすべてが、一見しただけでは全く意味不明な、抽象的な絵図から成り立っているということだ。天明氏は、自らこの絵図の解読作業を進め、昭和三十年六月十五日に全帖を「第一仮訳」として訳了している。

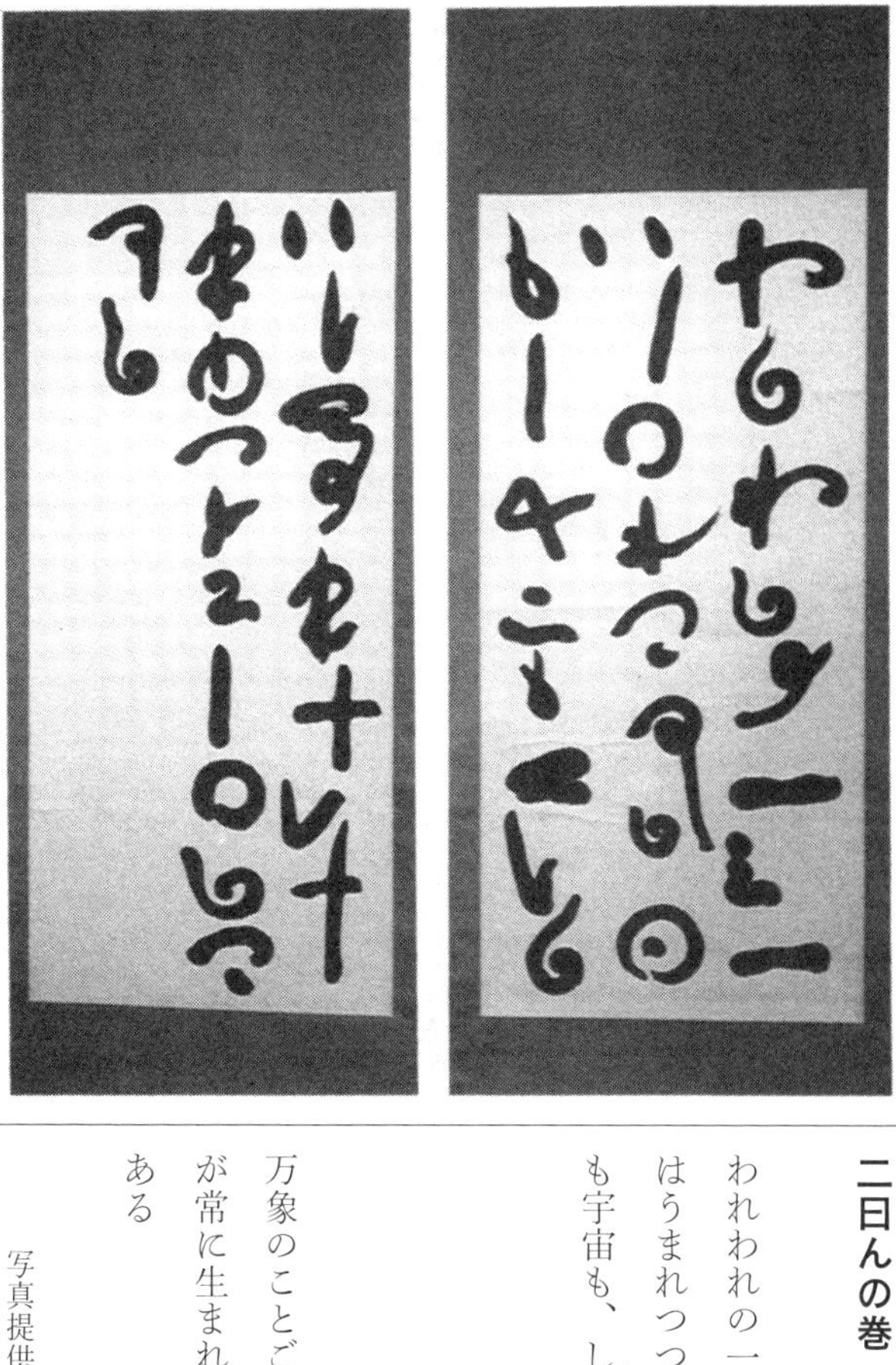

二日んの巻　冒頭原文

われわれの一切
はうまれつつある◉《神》
も宇宙も、しんら《森羅》
万象のことごとく
が常に生まれつつ
ある

写真提供：岡本三典

天明氏がはたしてどのような方法を以て『地震の巻』を解読したのか、今となっては誰も知る者はなく、謎である。ただし、冒頭部分の、「われわれの一切は、生まれつつある。神も、宇宙も、森羅万象のことごとくが、常に生まれつつある」という一文については、天明氏筆による勇壮な原文が遺《のこ》っている（前ページの写真参照）。この書は後に天明氏がアート作品として作ったものとも言われるが、本帖の内容からみて、やはり天明氏は啓示を受ける形で、そこに込められた神意を解いていったのではないかと思われる。

現在では、何人でもこの『地震の巻』に示された重大な真理を、わかりやすい現代語にて読むことが出来るが、そこには、指摘しておくべき大変に興味深い事実が隠されている。

それは、『地震の巻』に示された内容の大半――おそらくは九割以上――が、スウェーデンボルグの霊界論と見事なまでに一致するという事実である。

スウェーデンボルグの霊界論と一致！

エマニュエル・スウェーデンボルグ（一六八八～一七七二）は、今から三〇〇年ほど前にスウェーデンに実在した天才的な科学者であり、思想家である。

九カ国語を自由に操り、一五〇冊を超える著作物を遺した彼の業績は、たんに「科学」

の分野に収まらないほど、広範多岐《たき》にわたっている。

具体的に言えば、物理学、化学、地質学、天文学、数学、機械工学、航空力学、医学、解剖学、冶金《やきん》学、結晶学などであり、哲学者、詩人、心理学者、神学者としても造詣《ぞうけい》が深く、さらに、鉱山・土木技師、発明家、貴族院議員という側面も持っていた。

彼の業績が尋常でなかったのは、そうした学術分野の一つひとつに対して、当時の一流とされる領域にまで精通していたことである。また、いくつかの業績は、現代の科学の水準にまで匹敵するほどのものを持っていた。例えば、彼はその宇宙論で、星雲説や銀河系宇宙の存在を既に説いているし、脳の心理学的機能が大脳皮質の中で営まれているのを突き止めたりもしている。

スウェーデンボルグ

五十七歳を迎えた一七四五年の夏、彼の前に初めて霊界への扉が開かれて以来、彼は霊界に自由に出入りが出来るようになり、その探訪体験や天使たちとの会話で知り得た霊的真理をもとに、文章を綴《つづ》っていく。

彼は、天啓開眼の後は聖者としての生涯を送った。そして、後半生の約三十年間を霊界の研究に捧げ、一七七二年三月二十九日、自分の予告した通りの日に死去している。

スウェーデンボルグが遺した霊界に関する記録や、神学的教説は、文字通り膨大である。だが、そこに記された内容を仔細《しさい》に検討すると、日月神示全般に示された霊的真理とほとんど一致していることがわかる。とくに『地震の巻』には、スウェーデンボルグの著作と文章表現まで酷似した部分も見られ、剽窃《ひょうせつ》ではないかと疑われても仕方がないほどである。

しかし、本書をお読み頂けばわかるとおり、日月神示に示された霊界論は、全体的に見て神道的であり、独自の内容と表現を持っている。一方、スウェーデンボルグの説くそれは、彼自身が神学者であったように、キリスト教的色合いの強いものとなっている。

これについては、神道的、キリスト教的という違いはあるにせよ、最奥《さいおう》の真理に到達していたから、もしくは最奥の天界から伝達されたものであるから、結果として共通したものとなっていると考えるべきである。つまり、神道であれキリスト教であれ、あるいはユダヤ教であれイスラム教であれ仏教であれ、宗教の根源は一つであることを明確に証明するものと言えるのだ。

言葉を変えれば、スウェーデンボルグの説く霊的真理の方が、キリスト教というよりも、むしろ日本の神道に近いものになっている。だからこそ彼の神学は、伝統的なキリスト教会からは異端として無視されてしまった。

日月神示が日本神道のエッセンスの発現であるならば、スウェーデンボルグの教説は真正なるキリスト教の復活を意味するものと言えるだろう。登り口は違えども、両者は同じ真理の峰を見ているのである。

日月神示により開示された霊的真理は、スウェーデンボルグによって裏付けられ、敷衍《ふえん》される。そしてこの道を真剣に求める者を明らかに、霊的な高みへと誘《いざな》い、さらなる歓喜の世界へと導くのである。

本書一冊が、霊的世界の全体像を説明するのに十分な役割を果しているとは到底言えるものではないが、少しでも読者諸氏の霊的研鑽《けんさん》の一助になれば、これに優《すぐ》る喜びはない。

中矢伸一

〔なお、本書におけるスウェーデンボルグの引用は、特に指摘のない限り、彼の代表的著作『天界と地獄』からのものであり、引用文の末尾に示した数字は、彼自身が付した小節の番号である〕

日月神示 地震（二日《じし》ん）の巻――目次

第一章

日月神示が明かす霊的真実

① 人は現界と同時に霊界にも生きている！

第二章

「霊界」の秘儀はすべて二日んの巻にあった

❶スウェーデンボルグの霊界論との驚くべき一致

第三章

日月神示・スウェーデンボルグが説く「霊界の真相」

第四章

悪を抱き参らせよ！

迫り来る大難を小難に変えるために

カバーデザイン　櫻井浩（⑥Design）
本文仮名書体　文勇仮名（キャップス）

＊本書は１９９６年にＫＫロングセラーズより刊行された
『日《ひ》月《つき》神《しん》示《じ》　二《じ》曰《し》んの巻』に加筆した新装版です。

第一章

日月神示が明かす霊的真実

⦿人は現界と同時に霊界にも生きている！

〝俗悪宗教〟ほど世にはびこるのはなぜか

文化庁による宗教統計調査によると、日本の宗教人口の総計は1億8千万人を超えている。かつては2億人を上回っていたこともあったが、少し減少したとはいえ、各宗教団体の信者数を合わせると、依然、日本の総人口よりも多くなるのが現状である。

それでも、大半の日本人は、とくに何かの宗教に属しているわけではない。確かに、ごく平均的な日本人の一生を見ると、七五三を神社で祝い、結婚式は教会で、毎年十二月はクリスマスムードに浸り、正月には神社仏閣に初詣《はつもうで》、死ねば仏教で葬儀をするという人は、珍しい例ではない。というより、それがごく普通の日本人の姿なのである。

外国人から見ればいったい何教なんだかわからないものがあるが、とくに宗教など信じていなくても、そうしたことが自然と行えてしまうという特性が日本人にはある。

むしろ、宗教を信じていないからこそ、一つの宗教に囚《とら》われないで何でも受け入れることが出来るのだ、と言う人もいるだろう。しかし逆の見方をすれば、結局宗教の本質をよく理解しておらず、自分なりの信念というものを持たないから、出来合いの〝宗教文化〟

に振り回されている、と言うことも出来る。

日本人は宗教に関心がなく、大半の人は宗教ギライとも言われる。しかし、世におびただしく存在する宗教団体の数や、先にも述べた信者数の総計を見ると、一面としては、日本人は宗教が大好きな国民とも言える。

もちろん、各団体の出している数字は公称であって、そのまま受け入れるわけにはいかないが、いずれにせよかなりの数にのぼることは間違いない。

現在は、新しく宗教法人を設立しようと申請してもなかなか認可が下りない仕組みになっているようだ。厳しくなっている理由は、宗教法人になると税制上の様々な優遇措置が受けられるため、宗教を隠れ蓑《みの》にビジネスを目論む人たちや、反社会的な活動をする団体が出てきたこともある。

現実問題として、健康や人間関係、あるいは家庭や仕事面で悩みを持つ人々の弱い心理に付け込む宗教が、世にはびこっている。

とくに新宗教、新新宗教と呼ばれる団体にはそうした傾向が強い。国家転覆まで企《たくら》んだオウム真理教も、新新宗教と呼ばれる部類に属する団体であった。

だいたいにおいて、彗星《すいせい》の如《ごと》く現れて世間の注目を集め、大勢の人の関心を引き、急激に勢力を伸ばすようなところは、マヤカシが多いと見てよい。終末思想、選民（信者）主義、マニュアル化された教説、救いの業《わざ》、予言、奇跡、超能力……。急激な成長を遂げるところというのは、どこも似たような要素を持っている。

大衆は、具体的に目にモノを見せてくれるようなところに魅かれる。摑《つか》みどころのない抽象論や思想哲学ではなく、インスタントに救われるような、安易にして強烈なインパクトを持つ宗教に、人は心を奪われやすい。

それは結局、そうした宗教に魅かれてしまう人たちが、宗教とは何かということを、広い見識を持って知ろうとせず、〝霊的良識〟というものを弁《わきま》えていないことに原因があると言えるだろう。

日月神示には、

「霊的良識は、神示や神典類によって、また体験によって養われ、また高度な科学書も参考となるものぞ。科学を馬鹿にしてはならん」（『龍音之巻』第六帖）

とある。科学については門外漢という事情もあり、本書では扱わないが、まずは日月神示により導き出される〝霊的良識〟とは何かということについて、極めて概観的に述べてみることにしたい。

〝神〟とは何か――エセ宗教を見破る重要ポイント

「神」という言葉は、あまり信心のない人であっても、日常的によく使っている。神信心のある人であればなおさら、この「神」という言葉を頻繁《ひんぱん》に口にする。

神からメッセージを受けたと言う人や、神と常に会話することが出来ると言う人などは、現代においてもたくさんいる。新宗教や新新宗教の中には、「創造神の命により開かれた」と教団の独自性と絶対性を主張するところがいくつもある。

まさに今、神々はわれわれの前にいともたやすく登場しており、われわれはそれらの神々と、駅のキオスクに立ち寄るように気軽に接することが出来る。

しかし、これらの人々――すなわち、神の名を軽々しく口にし、その世界について説く人々――は、いずれも神という存在をまったく理解していない人たちである。

神とは何か、それほど簡単にわかるものではないし、わかったという人がいれば、それは神を自分なりに小さく切り刻み、矮小化《わいしょうか》して勝手にとらえているに過ぎないことになる。

日月神示には、

「神の姿、見たと申すのは、神の姿の影を自分の心に描き出したまでであるぞ」（『黒鉄の巻』第三十一帖）

とある。

要するに、そうした人たちは、神と人との〝隔《へだ》たり〟というものを、あまりに知らなさ過ぎるのである。

今ここで、便宜《べんぎ》上、「神」と「霊」という言葉を用いて説明してみよう。

この世の究極の存在として、創造神がある。創造神に準ずるものとして、大神がある。大神の次には神が来る。神の次に神霊が、続いて霊が、そして最後に人である。

これを図にすれば、

という感じに表すことが出来るだろう（もっとも、これはあくまで判りやすく説明するために、便宜上、こうしたモデルを取っているものなので、ご了解頂きたい）。

霊というのは、この場合、先祖霊とか、眷属《けんぞく》（従者、家来）の動物霊も含む。

動物霊と言っても、頭から馬鹿にしてはいけない。眷属の動物霊には、位の高い霊もいる。霊籍の点から言えば、人より上に位置するものではけっしてないが、現代人の霊性の凋落《ちょうらく》ぶりから言えば、真面目に神霊に仕える動物霊の方が、人間よりも霊格が高いという場合もあり得る。

神霊とは、天人や天使たちを含む高級神霊たちを言う。われわれからすれば、まさに神様と呼んでも差し支えないくらいの、尊い方々である。

世に数多《あまた》はびこる霊能者の中で、神霊たちとの交流がはかれる人は、ほとんど皆無に等しい。もし万に一つでも本当に神との交流が出来るという人がいるとしても、それは神の御意志を、高級神霊が媒介役として働かれて、その人に伝達をしているのである。これは、日月神示を降ろした岡本天明氏の場合でも同様である（日月神示を伝達した神霊は、日天使・若姫君命《わかひめぎみのみこと》と言われている）。

神霊のそのまた上には、神が坐《おわ》します（前ページの図においては、高級神霊を、神と霊との間に位置するものとして分類しておいた）。人が、高級霊の媒介なしに、直接に神と交流することは、法則上、絶対にあり得ないとされる。つまり、人間との交渉があるのは、せいぜい高級霊どまりということになる。

これは、下々の者が、いきなり足軽兵や家臣を飛び越えて、殿様と面会することは出来ないのと同じ理屈である。人間界では、稀《まれ》に殿様と庶民が会うことはあったが、神界は絶対の秩序・法則の世界であり、順を乱すことはけっしてない。神と言えども、天界の秩序・法則に反することは許されないのである。

神の上には、大神の坐します領域がある。いわゆる、国常立大神《くにとこたちのおおかみ》や天照《あまてらす》大神、素盞嗚《すさなる》大神といった、本体の大神様の住む段階である。

こうした大神から神、神霊を通じて現界にまで意志の伝達が起こる際、人間界に伝達の労をはかるのは神霊であるが、この場合の神霊は大神と同一となるために、国常立尊《くにとこたちのみこと》の直言と言っても誤りではない、ということになる。

それは、江戸時代の頃、将軍の遣《つか》いの者が諸国の大名の城を訪れ、上意《じょうい》を申し渡す時、城主が下座につき、遣いの者が上座について上意文を読み上げたことと似ている。遣いの者の身分自体は大名より低くとも、奏上の際、遣いの者は将軍と同一になる。城主は、将軍の威光に対して頭を下げるわけである。

日月神示『地震（二日ん）の巻』第十二帖には、

「神が直接、人間を通じて人語を発し、または書記するのではなくして、それぞれの順序を経て地上人に感応し、その地上人の持つそれぞれの人語を使用して語り、その地上人の持つそれぞれの文字を使用して神意を伝達することとなるのである」

と示されている。また、

「神様でも、大神様はわからんのであるぞ」（『春の巻』第五帖）

という一節もある。たとえ神と呼ばれる存在（ここでは高級神霊と同義）であっても、大神という、さらに上の領域の世界のことはわからないということである。

こう考えてみると、創造神が自ら、一人の人間に啓示を与えたり、宗教団体を作ったりすることなどまったくあり得ないことが、納得出来ると思う。

ただし、表現の都合上、方便として「神」とか「大神」という言葉を使うことがある。それは日月神示でもそうであるし、本書においてもそれに準拠するので、一応、お断りしておきたい。

〝神〟と称するものの正体は九九・九％邪霊だ

さて、右の理由から、世に言う「神憑《が》かり」という現象も、厳密に言えば、あり得ないことになる。

神が人間に直接に憑《か》かり給うこと自体が、秩序に反することになるからだ。もし憑かるとすれば、せいぜい高級霊（天人、天使）が地上界に近いところまで降りて来て、必要なメッセージを然《しか》るべき身魂《みたま》に伝える、ということになる。しかしそれさえも、有史以来今日に至るまでの長い歴史を通じて、滅多《めった》に起こってはいない。

ただし――いささかややこしいかもしれないが、広義においては、この世のすべてのものは、神憑《かみが》かっている。神は宇宙を自らの外に創り給うたのではなく、自らの内に産み給うたのであるから、この物質界のすべてのものには神性が宿る。

神は極大にして極小なりという。霊人は人の中に住み、神は霊人の中に住み給い、大神は神の中におられる。その意味において、人誰しも「神憑かり」なのである。

そのことが神示に、

「人間は皆神かかっているのであるぞ。神かかっていないもの一人も居らんのぢゃ。神かからんものは呼吸せんのぢゃ。このことわかりて居ろうがな。霊人は人間の心の中に住んでいるのであるぞ。心を肉体として住んでいるのぢゃ。その中にまた住んでいるのぢゃ。平とう説いて聞かしているのぢゃ。霊人と和合しているから、神かかりであるからこそ、三千世界に働き栄えるのぢゃぞ。神界のこともわかる道理ぢゃ。幽界のこともわかる道理ぢゃ。人間の言うかみかかりとは幽界のカミかかりぢゃ。ロクなことないの

ぢゃ。神かかりにも、神かかりとわからん神かかり結構ぢゃなあ、まことぢゃなあと知らしてあるのに、まだわからんのか」（『白銀の巻』第六帖）

などと示されているわけである。

真の神憑かりとは、誰しもが「あの人は何か憑いている」とわかるような、波調の粗《あら》いものではなく、神が憑かっているとは、周囲にも、本人にもわからない、極めて微妙で繊細なものである。

『龍音之巻《りゅうおんのまき》』第十六帖には、

「浄化した高級霊ともなれば、人民にわかるような感応はほとんどないぞ」

とある。

「われは天照大神なり」などと平気で言ってのける霊媒《れいばい》の類《たぐい》は、一〇〇パーセント、ウソかマヤカシであると見て間違いない。

また別の一節には、

「霊媒通じてこの世に呼びかける霊の九分九分九厘は邪霊であるぞ。はげしくなるぞ」

（『黄金の巻』第五十帖）


とあるが、これは筆者も経験上、まさしく真実であると痛感している。

天使ですら〝未来予言〟は原則として許されていない！

新たに宗教を興《おこ》して人を集めるには、「予言」と「奇跡」が一番確実で手っ取りばやい方法である。

誰しもが漠然《ばくぜん》とした不安を、未来に対して抱いている。十年先の世の中がどうなるか、否、一年先、半年先がどうなるか、知りたいと思う。様々な人が様々な立場において、未来の情報を知りたがっている。

例えば、金融経済。半年後、一カ月後の読みを少し間違えるだけで大損をしたり、大儲けをする。最近ではＡＩ（人工知能）取引などという手法が出てきてしまって、１秒にも至らない単位で国家予算的規模の金が動くようになった。

最先端の経営学や統計学と言っても、予測が当たらなければ、何も意味はない。反対に、科学的論拠に欠けていても、予測が当たれば文句はないわけである。

高度情報化社会と言われる今日にあっても、「予測」とか「予言」は、確実性、信頼性が高ければ高いほど、それだけで人が群がる。

神示には、

「鼠《ねずみ》でも三日先のことを知るのに、臣民は一寸先さえわからぬほどに、よくも曇りなされたな」（『上つ巻』第二帖）

とある。そもそも人間とて、予知能力のようなものを、誰しもが持っているはずなのである。しかし、〝曇り〟があまりにひどいために、「鼠」より劣るほどになってしまったと神は嘆《なげ》かれている。

一方、神は先の先まで見通しである、と神示には何箇所も出されている。確かに、予言的な神示は、とくに前半の二十三巻において多く見受けられ、苛酷《かこく》な「立替《たてか》え予言」が、

「譬《たと》えではないぞ」という言葉と共に、繰り返し示されてはいる。ところが、それがいつ起こるか、という点については、極めて暗示的である。そしてなおかつ、「大峠《おおとうげ》を待つ心は悪魔ぞ」だとか、「大難《だいなん》は小難《しょうなん》に変わる」なども示される。

このことから筆者は、神示を伝達した時点で起こりうる最悪のシナリオを提示しつつ、早急な改心とそれに基づくマコトの行動を促す、神の切なる〝親心〟を知るのである。

実は、たとえ天人や天使ら高級霊と言えども、未来のことを知り、それを予言することは、原則として許されていない。これについては、スウェーデンボルグも、同様のことを述べている。

「天使たちは未来のことを知っていない。未来のことは主のみが知っている。ただ、主がそれを啓示するに値すると考えている者は、いくらか未来のことを知っている。（中略）ここではそのうちのただ一つだけの理由を提示することを許されている。それは、天使たちは浄福を享受するために、未来のことをいささかも知ってはならない、という理由である。なぜなら、一瞬間も怠ることなく主は彼らの考えることを配慮されるからである。それで主は、〔聖書の中で〕将来のことを思いわずらうな、と語られたのである。さらに、霊たちが知りたくてたまらない未来についての知識は、彼ら自身や全体の秩序を混乱させるきわめて多くのものをふくむであろう。それゆえ、それはまた霊や天使たちを主が治める秩序に全面的に対立している。なぜなら、彼らは、彼らに許されているものを除いて、彼ら自身のものは何一つみずからに取得してはならないからである」（『霊界日記』2271）

したがって、日月神示に示された未来予言についても、表面的な言葉に囚《とら》われるのではなく、その言葉の裏に秘められた神意（スウェーデンボルグはこれを〝アルカナ〈秘義〉〟と呼んだ）を知る必要があるのである。

〝奇跡〟を行なうことは、神の御意に逆行している

「予言」と並び、「奇跡」と呼ばれる行為も、非常に人心を集めやすい。

物理的に不可能なことをやって見せたり、医者から見放された病人を即座に治したりといったことなどを、一般の人々は奇跡と称し、そうした行為を行う人のことを「神の化身」か「神の使い」の如く崇《あが》める。

ところが、神示によれば、多くの「奇跡」的行為もまた、神の御意《ぎょい》に逆行するものであるという。

「霊覚者や行者の中には、奇跡的なことや非常識な行動をする者がよくあるぞ。一般の人民はそれに騙かされることがよくあるぞ。いずれも下級霊の仕業であるぞ。正神に奇跡はない、奇跡ないことが大きな奇跡であるぞ」（『龍音之巻』第十八帖）

「地獄的下級霊の現われには、多くの奇跡的なものを含む。奇跡とは大いなる動きに逆行する動きの現われであることを知らねばならない。かかる奇跡によりては、霊人も地上人も向上し得ない。浄化し、改心し得ないものである」（『地震の巻』第十三帖）

物理的に考えられないことや、常識ではあり得ないことをやってのける人は確かにいるし、病気についても、実際に難病を治癒《ちゆ》してしまったりといったケースもある。

しかし、そのような奇跡的行為の濫用《らんよう》は、法則・秩序に反するだけでなく、人々の心を内なる「霊性」に向けず、外なる現象世界に拘泥《こうでい》させ、畢竟《ひっきょう》、霊性進化を阻害するものとなってしまう。奇跡的行為のすべてを、一概に悪だと断ずることは出来ないが、本来は無用の行為であると言える。

病気治癒に関しても、何故その病気になったかという深い原因（霊的、体的なものを含む）を追求することなく治してしまえば、必ず後々に同じような病状を繰り返すか、形を変えてぶり返すものである。

努力を怠り、〝インスタントに救われる方法〟などない！

「〇〇〇するだけで、みるみる痩《や》せる」とか、「〇ヵ月で英会話がペラペラ」などという安易な宣伝文句に、一般の人々は本当によくひっかかる。またそうした内容の本が、よくベストセラーに入っている。

ダイエットにしろ、英会話にしろ、ほとんど努力をせず、簡単に短期間で一定の成果が得られるとすれば、多少値段は高くとも、人は集まってくる。

ところが実際に、うたい文句のような効果があるかというと、そうはいかない。

ダイエットの場合は、副作用があったり、期待していた効果が得られなかったり、英会話の場合は、数十万円という料金を払い込んでスクールに通っても、ほとんど進歩がなかったりといった具合である。

宗教でも、まったく同じことが言える。これこれこういうことをするだけで、インスタントに救われますなどという表現で、言葉巧みに客（信者）を釣る。

とくに多いのが、先祖供養だとか祈禱《きとう》に関するものである。あなたには浮かばれていない先祖霊が憑《つ》いているとか、水子の霊があるなどと言い、供養代や祈禱《きとう》代として法外な料金をかすめ取る。悩みごとを抱え、心身ともに弱っている人は、そうした言辞《げんじ》に騙《だま》されやすい。

こうした宗教を説く人と、これを信じる人との間で、需給関係が成り立っているとはいえ、そのような人の弱みに付け込んで金を取るというケースが後を絶たないことは、何とも嘆かわしいことである。

今後の世界の行く末に漠然とした不安を抱いている、純粋で真面目な人たちは、この世の窮状《きゅうじょう》を救うために、創造神はわが教祖を遣《つか》わし、救世の神業を開始されたのである、などと主張する教団を信じ込み、入信する。

そして多くの場合、そうした教団では「救いの業」なる一種の神秘的リチュアル（儀式）

を実践することにより、悲惨な未来展開は回避可能だと説く。そのためには、せっせと教団に奉仕し、金をつぎ込み、信者を増やし、教線を拡大することに挺身《ていしん》しなければならない。それによって、自分の罪業は解消し、人様を救わせて頂くことが出来、善徳を積むことになるのだという。

新宗教、新新宗教と呼ばれるところは、だいたい同じようなことを説くものである。しかし、そうした行為が霊的に言って、真実かどうかと問われれば、ウソ八百であると言わねばならない。

現実的な努力を怠り、宗教的な行為を行うことでインスタントに救われるような道はまったくないと、筆者は断言して憚《はばか》らない。ごく普通の社会的生活において、神を中心とした道徳的生活を行ずるところにこそ、神に通じる道がある。その意味では、ことさらに宗教団体に入る必要はないのである。

『地震の巻』第三帖に、次のような一節がある。

「世を捨て、外分的、肉体的諸欲を捨てた生活でなければ、天国に通じ得ぬと考えるのは誤りである。何故ならば、地上人における肉体は、逆に霊の守護をなす重大な役目を

持っているからである。地上人が、その時の社会的、物質的生活を離れて、霊的生活にのみ入るというのは大いなる誤りであって、社会生活の中に行ずることが、天国への歩みであることを知らねばならない」


社会生活から離れ、現実的な対処から外れた何らかの宗教的な修行を行うことをすすめるところは危ないとみてまず間違いはない。

マントラを繰り返し唱えたり、千日間にわたる勤行《ごんぎょう》をしたり、滝に打たれたりしてみたところで、何の益にもならないばかりか、かえって〝余計なもの〟を背負いこむ結果となるだろう。

ついでに言えば、宗教団体に献金すれば罪業が消えるなどということもあり得ない。「地獄の沙汰《さた》も金次第」というわけには、残念ながらいかないのである。

もしあなたが、お金を寄贈することで神仏のお役に立ちたいと思っており、ある宗教団体から、ウチに奉納すれば救われるとか、罪が消えるなどと言われているとすれば、その宗教団体に対してではなく、慈善事業や環境保護団体、あるいは福祉機関など、世のため人のために地道に頑張っているところに寄付した方が良いだろう。

むしろそれならば、善徳も積まれようというものである。

〝救世主〟〝神の使い〟〝聖者の生まれ変わり〟には気をつけよ

世間には、自分を救世主であると自称したり、そのように大勢の信者たちから信じられている者もいる。とくに、急に信者や資金を増やし、組織を拡大するような新宗教系の教団にはそうした特徴がままある。

救世主と直接言わずとも、イエスや釈迦《しゃか》などの聖者の名を出して「生まれ変わりだ」と公言し、これを信じる人々によって宗教団が形成されている場合もある。

彼らは、悪気《わるぎ》があってそんなことをしているのではない。彼らなりに、善《よ》かれと思って、一生懸命にやっている。一生懸命にやっているが、その考え方や行為は、一歩外の世界から見れば、まったくの悪になってしまっているのだ。

日月神示に基づく霊的良識に照らし合わせてみると、こんな人々が後を絶たないその霊的な意味が判明する。

「下級霊自身が◎（善）なりと信じて行為することが、地上人には◎（悪）と現われることが多いのである。何故ならば、かかる下級霊と相通じ、感応し合う内的波調を持つ地上人は、それと同一線上にある空想家であり、極めて狭い世界のカラの中にしか住み得ぬ性を持ち、他の世界を知らないからである。それがため、感応してくる下級霊の感応を、全面的に信じ、唯一絶対の大神の御旨《みむね》なるがごとくに独断し、ついには、自身自らが神の代行者なり、と信ずるようになるからである」（『地震の巻』第十三帖）

自分が何らかの形で「霊界からの通信」を受けると、その通信を降ろした霊的存在を、神や天使や聖霊と考えたくなるのは人情であろう。だがほとんどの場合、その実態を見れば、自分の内蔵する低級な想念波調に、同じ低級な霊が感応しているに過ぎない。言わば〝自分に自分が騙《だま》されている〟わけである。

本当に高級霊が憑かるような人であれば、自分自身を救世主だの、神の使いだのと称したりはしない。逆にそのような事実を認めず、隠したがるものである（ただし、自分も最初は、そんな大役は荷が重すぎると拒否していたのだが、神様がどうしても私を使って世に出るとおっしゃるので……などと妙な理屈をつける〝神の代行者〟もいる）。

スウェーデンボルグは、「聖霊」として地上に現れるものの正体、及び天界に住む真の天使たちについて、次のように述べている。

「何らかの霊に感覚的に動かされる人間は誰であれ、とくにその霊がその人間に語りかける場合は、それは聖霊だと考えてしまう。狂信者たちはみなこう思い込む。それにもかかわらず、彼らがそのとき聖霊と呼び、あがめ、礼拝さえする者たちは不潔な霊たちであって、この霊たちはこうしたことを愛するため、自分たちは聖霊だと思っている」(『霊界日記』1366)

「しかし主に属する霊たち、すなわち諸天界にいる者たちは、清浄であると呼ばれたがらない。このため彼らは、『私たちは聖霊だ』とは言わず、『主だけが私たちの聖性である』と言う。なぜなら、預言者も語っていると思うのだが〔「ヨブ記」一五章〕、天界〔でさえ〕清浄ではないからである。(中略)天使たちは低次の種類の霊たちをとおして人間と話すが、神聖性に属するものはことごとく主のものである」(同　1366)

「不潔な悪霊たちは、私が彼らを聖霊として承認したがらなかったとき、非常に腹を立て、私を罰すると脅したほどだ。彼らは最初このように脅したため、彼らが聖霊ではないことを知る以前は、私は恐れた。しかし教えられてからは、私はこのことを全天界で天使たちの聞いている面前で大胆に語っている。真に天使であり、浄められた霊である者たちは、自分たちはけっして聖霊と呼ばれたくない、という事実を証言している。なぜなら聖性は主だけのものだからである」（同1369）

我は救世主なり、我は神の使いなり、我は聖人の生まれ変わりなり、などと自称する輩《やから》には、気をつけた方がよい。それは、そういう言葉を口にするというその事実だけで、偽者であることを自ら暴露しているようなものである。

人間の本質は、霊的な存在だとまずは知ることから

「信教の自由」という名目のもと、俗悪宗教が世に数多《あまた》はびこり、衆生《しゆじよう》を惑わせている現代の日本では、逆に宗教的なものを敬遠し、毛嫌いする人も多い。

オウム真理教にまつわる一連の事件（一九九五年）は、相当数の国民を宗教的なものか

ら遠ざけてしまったと言えるだろう。もっとも、オウムまで行かずとも、善良なる一般市民から膏血《こうけつ》をしぼり取るような宗教・思想団体はまだまだ沢山《たくさん》あり、またそうしたところほど勢力が強く、政界や経済界にまで巣喰《すく》っている現状では、訳《わけ》のわからない宗教とは縁を持たない方が賢明とも言える。

だが、あらゆる霊的なもの、宗教的と思われるものを一切否定し、拒絶する態度を取ることは、あまり好ましいことではない。

「これ、宜《よろ》しかったら一度読んでみてください」と日月神示を渡すと、「宗教は嫌いだから」と言われ、無下《むげ》に断られてしまった、という声もよく耳にする。

むろん、そのように敬遠する人というのは、宗教の本質を知っているわけではなく、ただ霊的な事物に対して無知・無関心なだけなのである。

霊的な話をするだけで、気味悪がって耳を塞《ふさ》いでしまう人が、日本人には結構多いが、そうした人たちは、そもそも人間が霊的な存在であるという最も基本的なところさえ、よくわかっていない。こうした〝一般大衆〟にも、困ったものである。

人間は霊的な存在だと知るところから、すべては始まる。霊的教育のイロハである。

物質的な現象面の世界にばかり気をとられ、それだけを信じ、物質的なことばかりを考えて汲々《きゅうきゅう》としている現代の人たちは、そこを理解するだけでも時間がかかる。

昔は、人生五十年と言われた。平均寿命が延《の》びたとはいえ、せいぜい八十年、九十年である。宇宙的、歴史時間的な流れからすれば、人の一生などわずか〝一瞬の出来事〟に過ぎない。

どんなに慌《あわ》てても騒いでも、いずれ死の瞬間は訪れる。こればかりは万人が平等であり、一人とてこの宿命から逃れることは出来ない。

どれほど富を築いても、貧困に喘《あえ》いでも、病に苦しんでも、永遠不変に続くというのは何もない。物質的な状態には、必ず終わりがあるのである。

肉体という物質的な存在もまた、一定の期間のみしか存在を許されない。

だが、人の〝いのち〟という霊的な存在は、永遠である。

「生長の家」総裁の故・谷口雅春《たにぐちまさはる》氏は、物質界は幻想に過ぎず、霊界こそ実相の世界であると説き、『生命の実相』という膨大な教典を遺された。まさにその通り、霊的世界こそが実相であり、本体であり、事実である。

物質的なものは、永続性がなく、有限であり、時間がたてば消え去る宿命を持っている。

ゆえに物質世界は、霊的世界から投影される影の如きものであり、幻に過ぎないと言うことが出来る。

本来が霊的存在である「人」が、霊的世界をいたずらに忌避《きひ》し、霊的に成長して行くことを放棄《ほうき》する時は、畜生《ちくしょう》に成り下がる時である。かと言って、霊的世界にのみに走り、現実を無視すると足元をすくわれることになる。

霊的面と現実面とをバランス良く保ちながら、人生経験を積んで行くというやり方こそ、神に通じるマコトの生き方なのである。

物質界は霊界の移写——人は現界と同時に霊界に生きている!

世間一般の人は、たいてい、死んでからあの世に行くものと考えている。たとえ、あの世が実在すると信じる人であっても、この世に生きている間は、あの世のことを知ることなど無用だと思っている。

あの世のことなど考える暇《ひま》があったら、今、この世で生きることを、一生懸命に考えるべきではないか、と。

それは、一見マトモそうな考えであるが、実は大きな誤りである。何故なら、われわれはこの世に生きていながら、同時に、あの世にも生きているからである。

「物質界は、霊界の移写であり、衣であるから、霊界と現実界、また霊と体とはほとんど同じもの、同じ形をしているのであるぞ。故に物質界と切り離された霊界はなく、霊界と切り離した交渉なき現実界はないのであるぞ」（『冬の巻』第一帖）

「死んでも物質界とつながりなくならん。生きている時も霊界とは切れんつながりあること、とくと会得《えとく》せよ」（同右）

「死後においても、現実界に自分がある。それはちょうど、生きている時も半分は霊界で生活しているのと同じであるぞ」（同右）

「霊人は、その外的形式からすれば地上人であり、地上人は、その内的形式からすれば霊人である」（『地震の巻』第二帖）

霊界とは、現界と遊離した別の次元や宇宙の彼方《かなた》にあるのではなく、常にわれわれと共に、同じ空間の中に存在している。いわば霊界と現界の関係とは、一枚の紙の裏表のようなものであり、また人間の形で言えば、上半身と下半身のようなものである。別々な世界であるかのように切り離して考えることは、本来がおかしなことなのだ。

霊界という実在の世界がまず先にあって、その実在が物質的に投影されたものが現界である。主体は霊界にあり、物質界はこれに従属するものである。これを「霊主体従の法則」と呼ぶ。

ただし、現界から霊界へと働きかけることも可能である。

霊界の状態や動きは現実界に移写し、現実界の状態や動きは直ちに霊界に反映し、またフィードバックされるという形で、お互いに常に交換交流が行われている。

現実界での生き方によって、その人が霊界のどの境界に籍を置くのがふさわしいか、極端に言ってしまえば、天国的な境界の住人となるか、地獄的な境界の住人となるのかが、決まってくるのである。

この事実を悟《さと》れば、現実界に生きながら霊的真理を知り、霊的な生き方を心掛けることがいかに大切なことか、自ずから判明するであろう。

〝霊障〟の原因は邪霊でなく自分にある！

宗教に走る人というのは、たいてい、何かしら個人的な悩みを抱えていることが多い。そうした人たちは、現実的な対処を怠るか、もしくはあらゆる対処を行ってもどうにもならず、心身共に疲れ果てた末に、つい甘い言葉に引きずられて入信してしまう。

入信したはいいが、今度はその宗教から多額の献金を要求されたりする。数百万円をすぐに奉納しなければあなたの今の状態は救われない、このままでは大変なことになりますよなどと、なかば恐喝《きょうかつ》まがいの金集めをやっているところもあるようだ。

そういった宗教の中には、そんなことはウソとわかっていながら、あくまで資金集め、勢力拡大の目的でやっている悪どいところもあるかもしれない。だがその一方で、本気で真面目に、善《よ》かれと思って入信や奉納金をすすめる人たちもいることも事実である。

確かに、宗教に入って、その宗教が説くところの霊的対処（献金を含む）を行うことにより、医者から見放された病気が治ったり、状況が好転したりすることがある。ガンが無くなってしまったり、脳腫瘍《しゅよう》が忽然《こつぜん》と消滅したりといった、現代医学では絶対に考えられないようなことが、宗教の世界では稀《まれ》に起こる。そうした「お蔭《かげ》話」は、どこの宗教団体でもたいていいくつも持っており、「体験談」と称して前面に掲《かか》げ、いかに自分たちの教団は真実であるかを強調するのである。

そのような布教の方法が、道徳的にいかがわしい行為かどうかは別にして、そうした不思議な事例が実際にあることを、筆者は承知している。

よく「霊障《れいしょう》」という言葉を使うところがある。〝霊的障害〟という意味であるが、早い話が、悪い霊が憑《つ》いているために、それが障《さわ》りとなって様々な不幸現象を引き起こしているということである。

宗教によっては、この霊障を取り除けば、あらゆる不幸現象から脱却し、幸せな人生を確立出来るとしている。そのために、何か特定の行をさせたり、「祈禱《きとう》代」などの名目で奉納金を出させたり、街頭に立って信者を増やすことを求めたり(何人以上入信させると、人救いの功徳《くどく》を積むことになり、罪業が消え、霊格が上がるといった)するわけである。

無論、そんな宗教的な行為をいくら懸命にやってみたところで、宗教団体に利用されているだけで、その人の霊格向上、霊性進化にとっては何の益にもなっていないという場合がほとんどである。

だが、霊障というものは事実あるし、それ自体はウソではない。ここの見極めは大切である。

現代人は誰しもが多かれ少なかれ、邪霊からの悪《あ》しき影響というものを受けている。

一個の人体が有する霊体は、何種類もある。それはわかりやすく言えば、魂がいくつかの衣《ころも》を着ているようなものなのであるが、そのうちの一つ、人間の臍《へそ》のやや下あたりに、副守護霊と呼ばれる、肉体の運営や欲心などを司《つかさど》る霊の一部が鎮《しず》まっている。

この副守護霊の想念というのは、時により動物的なもの、地獄的なものとなる。怒ったり、恨《うら》んだり、妬《ねた》んだりといった心の動き、酒肉の摂取や大食いといった邪飲邪食、異性への倒錯《とうさく》した情愛、淫奔《いんぽん》などは、みな動物的・地獄的想念に通じるものがある。

こうした低級で粗い想念波調を発する時、ラジオのチューニングが合うように、その波調にふさわしい邪霊界、幽界《ゆうかい》との感応が起こるのである。

「霊が憑《か》かる」というのは、厳密に言えば、いわゆる「霊が取り憑《つ》く」ことではなく、「波調的な感応が起こる」ことを意味する。実際は、霊が肉体の内部に入り込んだわけではないが、傍目《はため》からは入ったのと同じように映るのである。

このことは、『龍音之巻』第十帖に、

「人間の肉体に他の霊が入って自由にしているのだと、多くの霊覚者や審神者《さにわ》が信じているなれど、事実そう見えるなれど、それは誤りであるぞ。人間の肉体は原則として真理の宿り給う神の生宮《いくみや》であるから、下級霊は中々に入ることは出来ん。例外はあるなれど、肉体霊、外部霊、副守護霊などの想念は、時によって動物的、幽界的となるものであるから、それと同一波調の動物霊が感応する、感応はするが肉体の内部までは入り込めない。しかし、感応の度が強ければ入ったと同様に見える状態となるのである。先祖霊もだいたい同様であるぞ」

と示されている。

例えば、ある邪霊が何らかの因縁に基《もと》づいて、ある人に憑《か》かるとする。そうすると、それが原因で病になることがある。しかし、逆な見方をすれば、その人が霊を引き込む原因を持っているから、悪しき霊たちとの波調的交流が起こるようになり、結果的に自ら邪霊を呼び込んでいるのである。

ということは、病の原因は、邪霊ではなく、自分にある。自分が変わらなくては、根本的解決にはならないのである。

邪霊が祓《はら》われれば、肉体上の病は消えることがある。奇跡が起こるわけである。ところが、根本の原因には何ら手がつけられていないわけであるから、またまた同じものを引き込む。場合によっては、さらに手が付けられない事態となり、最悪の場合、命を落とす結果ともなるのである。

日月神示に、

「邪道的要求を容れて一時的に病気を治すと、それに倍してブリ返すぞ、この呼吸大切」

（『龍音之巻』第十七帖）

とあるのは、そうしたことも意味したものと言えよう。

出口王仁三郎も説いた「宗教不要の時代」の生き方とは

人間は、現実界に生きているのであるから、現実社会のルールと常識に則《のつと》った生き方を外してはならないことは言うまでもない。ところが、人間というものは、現界に在りながら、霊界にも同時に生きている。というより、その本質は霊なのであるから、霊的な生き方、霊的な研鑽というものを、おろそかにしてはならないのである。

宗教的な勉強をすることも大事だと思う。だが、現在の宗教団体は、まずほとんどが、魑魅魍魎《ちみもうりょう》たちの巣窟《そうくつ》と化しており、宗教に入信するのはあまりにリスクが大き過ぎる（もちろん、中には僅《わず》かではあるが、良心的で真面目な信仰団体もあるが）。

そもそも、宗教というのは、五感に感じ得ぬ世界が対象となっているだけに、往々《おうおう》にして現実的な努力を無視しがちである。また、宗門宗派を越えた、総合的、学術的なアプローチをせず、教祖を救世主の如く神聖視し、自分たちの教団こそが唯一絶対であるといった偏狭性《へんきょうせい》、排他性を持つために、かえって視野を狭《せば》め、自分たちだけの小さな世界に閉じこめてしまう。

筆者は、そのような宗教はもはや不要であると説く。

大本教で聖師《せいし》と呼ばれた教主・出口王仁三郎《でぐちおにさぶろう》は、かつて、

「宗教はみろくの世になれば無用のものであって、宗教が世界から全廃される時が来なけ

れば駄目なのである」（「宗教不要の理想へ」『神の国』大正十三年一月号）

と述べたが、その宗教不要の時代に今、移ろうとしているのだ。

二十一世紀に入り、これから精神世界の見直しとその重要性に対する認識の高まりが顕著になるにつれ、戦後から雨後《うご》の筍《たけのこ》のように現れた宗教の崩壊も進んでいくであろう。一人ひとりの霊的意識が向上してくるにつれて、宗教団体は運営が立ち行かなくなるはずだからである。また、そうならなくてはならない。

霊的研鑽を積むことは、宗教団体に入らなくても出来る。というより、宗教という狭いワクに囚われない方が、かえって進むべき方向を誤らずにすむであろう。

霊的な価値観を失わずに、現実の社会に身を置きながら、仕事に勤《いそ》しみ、家庭を持ち、ごく普通の人間関係を保つ中で、マコトを貫きつつ日々を生きる。これこそ、来るべき精神文明の時代にふさわしいホンモノの生き方である。

出口王仁三郎

ただし、正しい霊的な生き方をするためには、正しい霊的知識、霊的良識を備えていることが必須条件となってくる。

まさに日月神示は、誰にもわかりやすい言葉で、とかく難解になりがちな霊界の真理を語っている。そしてそこに示された内容は、スウェーデンボルグの遺した膨大な霊界探訪に関する記録をひもとくことにより裏付けられ、敷衍《ふえん》されるのだ。

第二章からは、われわれがいつかは赴く、というより、常に現界と共に生きているという霊界が、どのような世界なのか、詳しく解説してみることにしたい。

第二章

「霊界」の秘儀はすべて二日んの巻にあった

◉スウェーデンボルグの霊界論との驚くべき一致

「あの世」に旅立つ前に知っておくべきこと

人は誰しも死ねば霊界の住人となる。しかし、第一章で述べたように、肉体生命を持つ間も、霊界と同時に生きている。むしろ、人の本籍は霊界にあるのであって、肉体をまとってこの世に生きている自分は、いわば仮の存在である。

そのため、肉体界に生きているうちに、霊界の知識を得ておくことは非常に大切なこととなる。自分はどういう世界からこの世に生を享《う》けて、やがて寿命が尽きた時に、どのような世界に還《かえ》っていくのか。こういうことがわかってくると、自分は何のために生き、何を為《な》せばよいのかということも次第にわかってくる。

小さな狭い欲に囚われたり、些細《ささい》なことに振り回されるのではなく、もっと大きな視点から、物事を捉《とら》えることが出来るようになる。

霊界の実相を知り、その真理を活《い》かして生きるようにすると、その人の人生はより豊かな、深みのあるものとなる。霊界のことには無関心で、人間死ねば終わりだなどと思い込んでいる普通の人と比べると、格段に面白く、充実した日々を過ごせるようになる。

本章においては、主に霊界とはどのような構造をし、どのような様相を呈《てい》しているかといったことを、日月神示やスウェーデンボルグの説を引用しながら解説していきたい。現界に生きるわれわれにとって、霊界の姿というものは、理屈としてはわかっても、実感としてはなかなか捉えづらいところがある。

例えば、われわれ地上人には時間という概念があり、空間（距離）という概念があり、また東西南北という方位の概念があり、おりおりの四季という概念（とくに日本において）がある。ところが、霊界において、それらは現界とはまったく異質のものとなる。また、想念の伝達に際して、われわれ地上人は言葉や文字を用いる。そして霊人たちも、言葉や文字を用いるのだが、その実態や使用法は、地上人の用いるものとはかなり違っている。

肉体を脱ぎ、霊人としての生活に入った時に、そうしたことはごく当たり前のこととなるのだろうが、肉体を持つわれわれが心から納得することは極めて難しい。それは、卑近《ひきん》な例で言えば、水泳を一度もやったことのない人が、自室にこもり、本を読むだけで泳ぎ方をマスターしようとするのと同じである。

霊界を扱った書籍物についても、いろいろなものが出回っている。宗教団体内で頒布《はんぷ》されているものまで含めると膨大な数になり、かなり錯綜《さくそう》している感を受ける。

しかし、日本神道《しんとう》のエッセンスとも言える日月神示の霊界論と、キリスト教的思想・哲学の大家であるスウェーデンボルグの霊界探訪録が、これほどまでに符合していることは驚くべき事実であり、霊界の真相を窺《うかが》い知る上で大きな助けとなるであろう。

霊界の「種類」と「構造」——幽界は人の想念が生み出したもの

まずは、霊界の構造と地上現界との基本的な関係について、ざっと述べておこう。

前章でも少し触れたように、霊界とはどこか別の宇宙にあるわけでもなく、今ここに、われわれと共に同じ空間に存在している。いわば霊界と現界は、一枚の紙の裏表のようなものである。

霊界と切り離された現界はなく、現界と切り離された霊界もない。

しかしあえてこれをわかりやすく説明するために、霊界と現界とを別々に分けて考えてみよう。

本書で扱う霊界という表現は、上は神界から、下はいわゆる地獄界までを含めた、物質界を除くあらゆる超五感の世界の総称である。
数霊的に言えば、一と実体化し、二と現れ、三と成り、四、五と発展していく前の段階に、まず○という段階がある。それが○（霊）界である。
日月神示の中で、霊界の種類と構造について説明がなされているのは、『龍音之巻』第四帖である。

「○（霊）界と申しても、神界と幽界とに大別され、また神界は天国と霊国に分けられ、天国には天人、霊国には天使が住み、幽界は陽界と陰界とに分かれ、陽霊人、陰霊人とが居る。陽霊人とは人民の中の悪人の如く、陰霊人とは善人の如き性を持っているぞ。高い段階から申せば善も悪も、神界も幽界もないのであるが、人民の頭でわかるように申しているのであるぞ。幽界は本来は無いものであるが、人民の地獄的想念が生み出したものであるぞ」

日月神示の言う「神界」とは、天人や天使たちの住む高級霊界のことである。彼ら高級霊人たちは、神の本体ではないが、今日の地上人にとっては、神と称しても差し支えないくらいの高貴な存在である。

神界は、天国と霊国の二つに分かれており、天国には天人が、霊国には天使が住んでいるという。これは、スウェーデンボルグが、天界は二つの王国に分かれると述べたことと基本的に同じである。彼は、天界は「天的王国」「霊的王国」の二つの王国に分かれるとし、それぞれの王国に住んでいる霊人たちを「天的天使」「霊的天使」と呼んでいる。

これら二種類の天使のことを、日月神示では「日の霊人」「月の霊人」と称しているが、このことについては、次章において改めて扱うことにする。

また幽界というのは、本来無いものであるが、人間の地獄的想念が創り出した世界であるという。

神界から流れて来る気（歓喜）の流れは、地上界に移り、地上界からまた神界に流れ入って、気の大循環が行われる。これが、神の気の正しい還流サイクルである。

ところが、地上人の想念には凸凹《でこぼこ》があるために、本来ならば真っ直《す》ぐに神界に還るべき気の流れが、横へ逸《そ》れる形となり、その想念がやがて凝《こ》り固まって独自の霊界を形成してしまった。これが幽界である。

日月神示には、次のように示されている。

「天から気が地に降って、ものが生命し、その地の生命の気がまた天に反映するのであるが、まだまだ地には凸凹あるから、気が天に還らずに横へ逸れることあるぞ。その横の気の世界を幽界と申すのぢゃ。幽界は地で曲げられた気のつくり出したところぢゃ。地獄でないぞ」（『白銀の巻』第一帖）

「人間は霊界より動かされるが、また人間自体より醸《かも》し出した霊波は反射的に霊界に反映するのであるぞ。人間の心の凸凹によって、一は神界に、一は幽界に反映するのであるぞ。幽界は人間の心の影が生み出したものと申してあろうがな」（『冬の巻』全一帖）

幽界とは、いわゆる地獄界に相当する世界とも考えられるが、後に述べるように、地獄という一般の解釈は妥当ではない。地獄というものは本来ないというのが日月神示の根本概念である。ただし、相対から見た場合の〝地獄的現れ〟というものはある。これは、〝悪〟について神示の説く概念とも共通している。

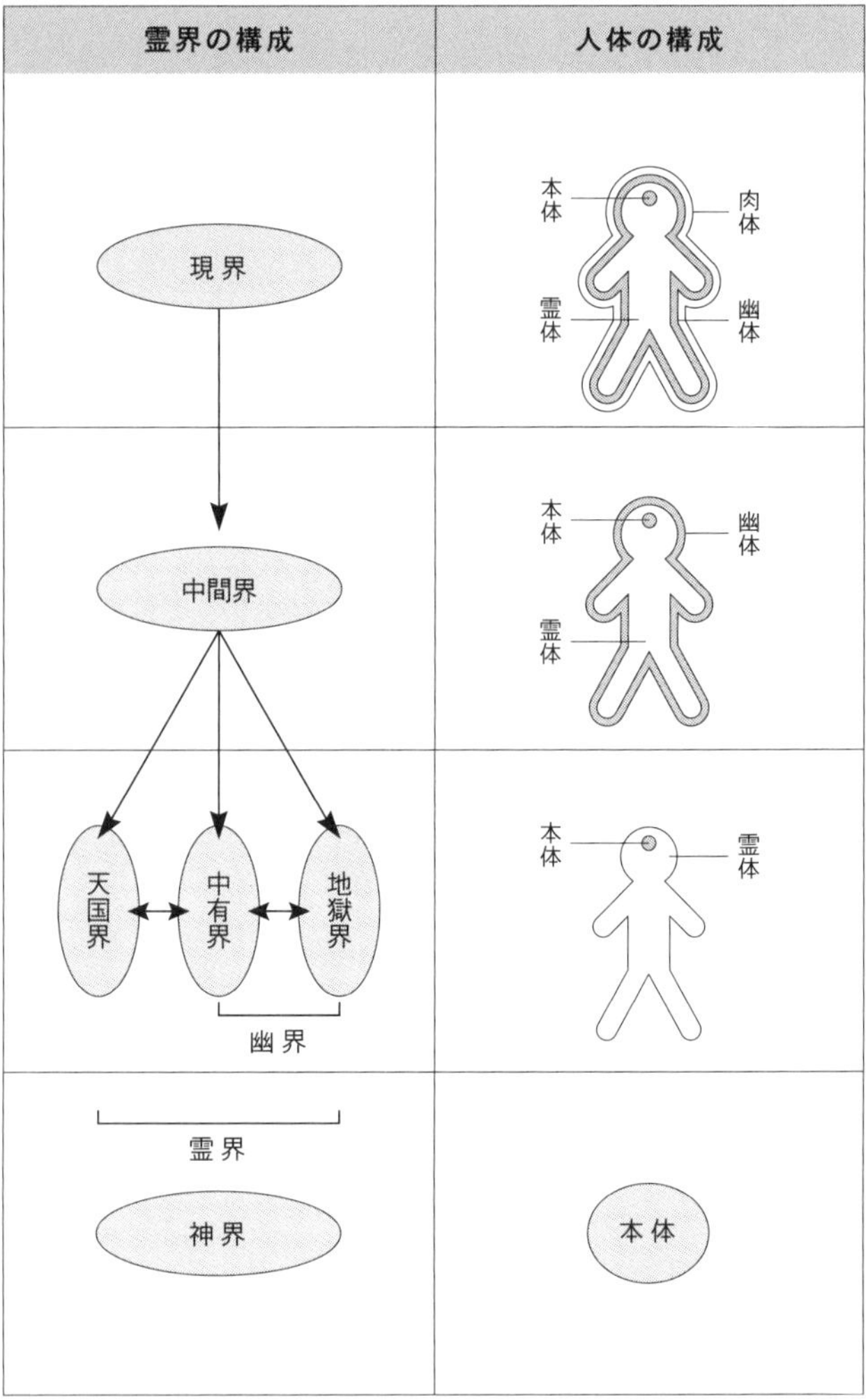

出典：『日月神示　この世と霊界の最高機密』（徳間書店５次元文庫）より

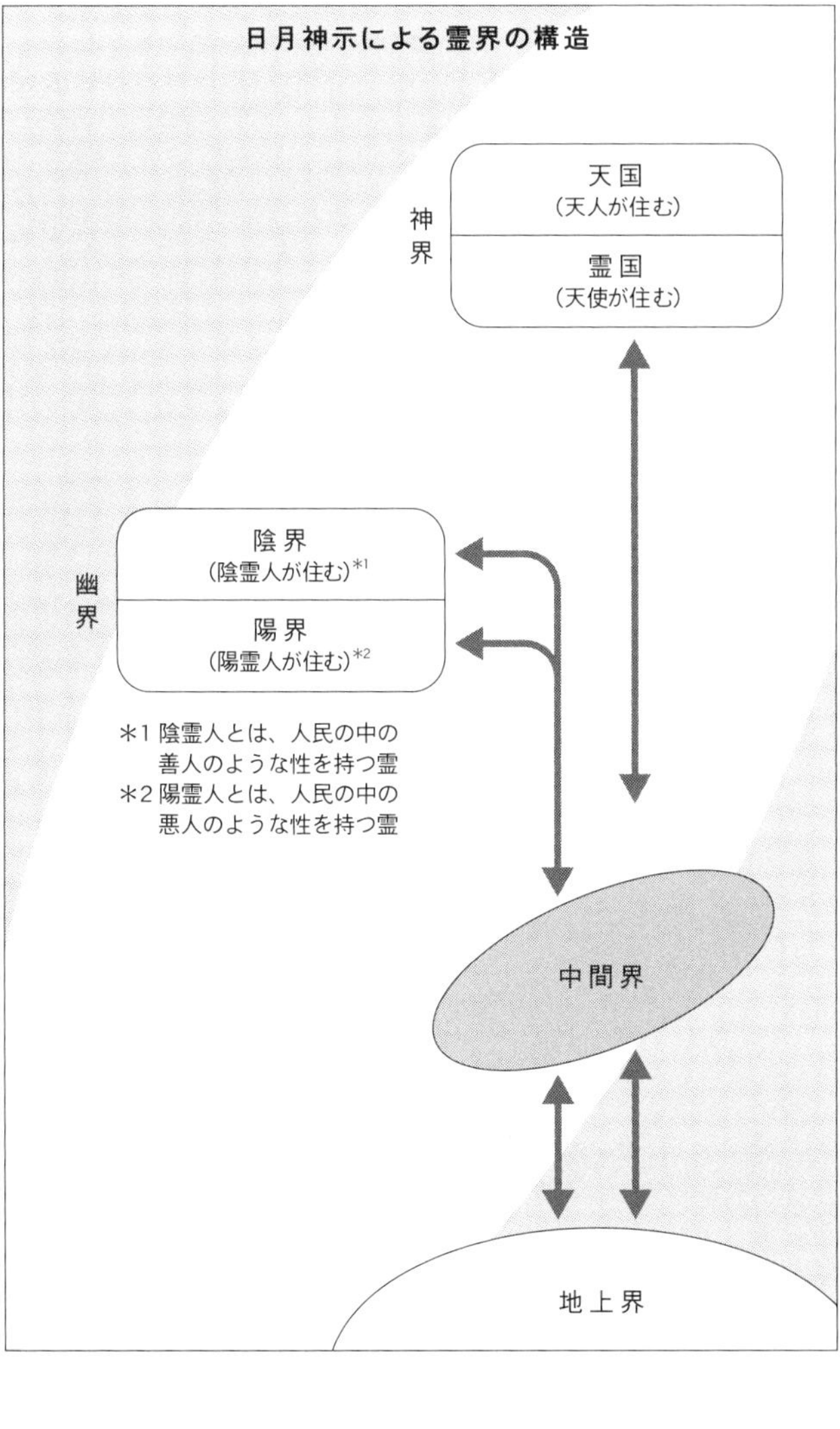

出典：『日月神示　この世と霊界の最高機密』（徳間書店５次元文庫）より

なぜ、霊界には〝無限の段階〟があるのか

霊界は大きく分けてこのような構造を成しているが、さらに細かく、個別的に見た場合には、無限とも言える段階に分かれており、それぞれ固有の想念波調が、独自の霊的境域を形作っている。

「天界も無限段階、地界も無限段階があり、その各々の段階に相応した霊人や地上人が生活し、歓喜している。その霊人たちは、その属する段階以外の世界とは、内的交流はあっても、全面的交流はないのである。何故ならば、自らなる段階的秩序を破るからである。秩序、法則は、神そのものであるから、神自身もこれを破ることは許されない。しかし、同一線上における横の交流は、可能である。それはちょうど、地上における各民族がお互いに交流し、融和し得るのと同様である」（『地震の巻』第二帖）

このように無限段階を持つ霊界では、段階の異なる境界による〝縦〟の交流は、内的交

流（内流による正しき歓喜の流れ）はあっても、全面的な交流はない。しかし、同じ段階の境界における〝横〟の交流は可能であるという。

また、神示は、霊界を「愛・善・真・美」の四つの歓喜により四段階に分け、さらにその中間部分にある三つの段階を合わせて七つの段階に区別されるとも示している。

「生前の霊界は、愛の歓喜、真の歓喜、善の歓喜、美の歓喜の四段階と、その中間の三段階を加えて七つの段階にまず区別され、その段階において、その度の厚薄《こうはく》によりて幾区画にも区分され、霊人の各々は、自らの歓喜にふさわしい所に集まり、自ら一つの社会を形成する。自分にふさわしくない環境に住むことは許されない。否、苦しくて住み得ないのである。もしその苦に耐え得んとすれば、その環境は、その霊人の感覚の外に遠く去ってしまう。例えば、愛の歓喜に住む霊人は、その愛の内容如何《いかん》によって同一方向の幾百人か幾千、幾万人かの集団に住み、同一愛を生み出す歓喜を中心とする社会を形成する」（同右　第八帖）

一方、スウェーデンボルグは、天界を、全般的・特定的・個別的の三つの観点による分類の仕方をしている。全般的な見方をすれば、先に述べたように、二つの王国に分かれるのだが、特定的に見た場合には、三つの天界に分かれる。さらに個別的に見た場合は、無数の社会に区別されるという。

三つの天界とは、最も内なる境界にあたる「第三の天界」、真ん中の部分にあたる「第二の天界」、そして最低部の境界にあたる「第一の天界」である。

それぞれの天界には、その内部が主へ開かれている度合いに応じて、天使たちが住んでいる（彼らの内部は主の神的善と神的真理を受けることによって開かれるという）。

第三の度が開いている者たちは最も内なる天界におり、第二の度が開いている者たちは真ん中の天界に、第一の度のみしかが開いていない者たちは最低の天界にいる。つまり、第三の天界に住む天使たちは最も神に近く、順次、第二の天界、第一の天界と進むにつれて、神から遠ざかっている。

こうした区別が天界には厳然としてあるため、異なる段階の天界にすむ天使たちは、原則として互いに交通が出来ない。しかし、同じ天界にいる天使たちの間では、自由な交流が行われているという。

「この区別のため、一つの天界の天使は、他の天界の天使たちの間に来ることはできない。すなわち、誰も高い天界から降ることもできない。誰でも低い天界から昇る者は不安におそわれて、苦しみさえもし、その近づいて行く者たちを見ることはできず、ましてその者たちと話すことはできない。また誰でも高い天界から降る者はその知恵をうばわれ、言葉がもつれ、絶望してしまう」(35)

「しかしながら同じ天界にいる者たちは、そこにいる誰とでも交わることができるが、しかしその交わりの楽しさは、彼らの抱く善の類似性に応じている」(36)

この他、天界の重層的構造とそれぞれの段階に住む天使たちについて、大変に多くの興味深いことをスウェーデンボルグは述べているが、紙幅の都合上、とりあえず以上の点にとどめたい。

次に、われわれ人間が死して後に、すなわち肉体を脱ぎ捨てた後に、どのような状態となり、またどのように霊界に赴くかというところを、少し詳しく述べてみよう。

死の瞬間　人間は死ぬとどうなるか

人間は、死の瞬間が近づくと、いったん意識が遠のくが、霊魂が肉体から離れると、再び意識を取り戻す。ここの段階で、再び蘇生する人が稀《まれ》にいる。それは、昨今では「臨死体験」として報告され、社会的にもクローズアップされたことは記憶に新しい。

臨死体験の詳細については本書では扱わないが、様々な共通した体験が世界各地で報告されていることは興味深いものがある。

ここでは〝臨死〟ではなく、実際に死を迎えた場合を想定して、この段階で現出することについて話を進めてみたい。

肉体から離れて、霊と呼ばれる存在になったとしても、最初は感覚的な面ではほとんど変化はない。自分の体に触った感触も、見た目にも、何もかも変わらないのである。あまりに何も変わらないので、霊界の存在を生前に知らなかった人は、自分がまだ肉体を持って生きていると勘違いしたり、死んだことをかたくなに認めなかったりする。

しかしそうした人たちには、多くの場合、先に死んで霊人となっていた肉親や友人、知人らが迎えに来たりするので、やがては自分の死を疑いのなきものとして受け入れるようになる。

「死後の世界に入った最初の状態は、生存時とほとんど変化がない。先に霊人となっている親近者や知人と会し、共に生活することもできる。夫婦の場合は、生存時と同様な夫婦愛を再び繰り返すことができるのである。霊界は、想念の世界であるから、時間はなく、空間はなく、想念のままになるのである。しかし、かくのごとき死後の最初の状態は長くは続かない。何故ならば、想念の相違は、その住む世界を相違させ、その世界以外は想念の対象とならないからである」（『地震の巻』第二帖）

「地上人が死後、物質的に濃厚なる部分を脱ぎ捨てるが、その根本的なものは何一つとして失わず生活するのである。その状態よりもなお一層、そのままであって何等《なんら》の変化もないと思えるほどである」（同　第八帖）

「地上人が死の関門をくぐった最初の世界は、地上にあった時と同様に意識があり、同

様の感覚がある。これによって、人の本体たる霊は、生前同様に、霊界でも見、聞き、味わい、嗅ぎ、感じ、生活することが出来るのである。しかし、肉体を捨てて、霊体のみとなり、霊界で活動するのであるから、物質の衣にすぎないことが判明する」（同第十六帖）

この段階では、肉体という最外部の衣《ころも》を脱ぎ捨てた段階であって、まだ霊人となってもおらず、肉体人でもない、という中間的な状態にある。

この、霊界と地上界との中間に位置する境界を、中間界という。

中間界 〝裁き〟はなく、その人にとって最大の歓喜の世界に赴《おもむ》く

中間界では、外部霊的な自分を脱ぎ捨てていくという作業が行われる。生前において身につけた様々な記憶や執着などは、この段階において取り去らなければならない。

人は霊的に言って、外分と内分とに二分される。外分の自分とは、物質界との影響を大きく受けている体的な自分である。内分の自分とは、霊界とのつながりを持つ霊的な自分

であり、いわば本当の自分にあたるものである。

「最初の状態は、生存時の想念、情動がそのままに続いているから、外部的のもののみが強く打ち出される。故に、外部の自分にふさわしい環境に置かれるが、次の段階に入っていくと、外部的のものは漸次《ぜんじ》うすれて、内分の状態に入っていくのである。内分と外分とは、互いに相反するが、霊人の本態は内分にあるのであるから、この段階に入って初めて本来の自分に還るのである」（『地震の巻』第二帖）

肉体を離れて地上界を去ると、この外分の自分は漸次薄れていき、内分の自分というものが現れてくる。この時に、自分の本当の姿が明らかになる。つまり極端に言えば、清らかで善的な自分であったのか、醜い悪的な自分であったのかということが、自分の姿にハッキリと現れるということである。

天使に近い想念を持っていた人は、天使のような姿になるであろうし、人を傷つけ、欲望のおもむくままに生きるというケダモノ的な人生を送っていた人は、ケダモノ的な自己の本性を露呈する。かくして、その人が霊界のどの位置にふさわしいかということが確定するのであるが、それは天から裁かれるというものではなく、その人にとっての最大の歓喜の世界に、自ら進んで身を置くのである。

「生存時においては、地上的な時、所、位に応じて語り、行為するがために、限られたる範囲外には出られないが、内分の自分となれば、自由自在の状態に置かれる。生存時に偽りのなかった霊人は、この状態に入って初めて真の自分を発見し、天国的光明の扉を開くのである。偽の生活にあった霊人は、この状態に入った時は、地獄的暗黒に自分自身で向かうのである。かくすることによって、生存時におけるあらゆる行為が清算されるのである。この状態に入ったならば、悪的なものはますます悪的なものを発揮し、善的なものは善的な力をますます発揮する。故に、同一の環境には住み得ないのである。かくして、諸霊人は最後の状態に入り、善霊は善霊のみ、悪霊は悪霊のみ、中間霊は中間霊のみの世界に住み、善霊は善霊のみの、悪霊は悪霊のみのことを考え、かつ行為することとなる。そしてそれは、その時の各々にとっては、その時の真実であり、歓喜である」（同右）

この中間界とは、無限の段階、無限の境界に分かれている霊界の、どこに籍を置くのがふさわしいかが定まる前に一時的にとどまる、ターミナル・ステーションのような世界、と言えるであろう。

ここにとどまる期間については、次のように示される。

「死後、ひとまず置かれるところは、霊・現の中間の世界であり、そこでは中間物としての中間体を持っている。（中略）**生存時において、すでに過去を清算している霊人は、この中間世界にとどまる必要はなく、その結果に対応した状態の霊界に、ただちに入るのである。清算されていないものは、清算が終わるまで、この中間世界にとどまって努力し、精進、教育される。その期間は五十日前後と見てよいが、最も長いものは十五、六年から二十年位を要する」**（同　第十七帖）

つまり、平均的にみて五十日、最長で十五年から二十年位ということであるが、この五十日という数字は、仏教の法要にある「四十九日」と通じるところがある。

仏教では、人が亡くなってから成仏するまでが四十九日かかるとされるが、この日数は、中間界にとどまる平均的な日数、五十日とほぼ対応している。
ただし、それも人によって様々なものがある。現世においてメグリ（悪業）を清算し、霊的真理を習得した人の場合は、この界にとどまる必要はなく、自分のふさわしい天国的世界に直行する。反対に、この界に入ってもなかなか霊界の真理を悟らず、外部的な欲にばかり囚われている人の場合は、かなり長期にわたりこの界にとどまって教育が施される。それが長いもので十五年から二十年位も要することもある、ということである。

人間のすべての本性があらわになる〝剝奪〟とは何か

スウェーデンボルグも、霊界と現界との間の中間的な世界の存在について言及している。この中間界においては、悪人からは表面的な善が、善人からは表面的な悪が剝《は》がされて、その人が生前に形成した本性が顕《あらわ》になるということが起こるという。この過程をスウェーデンボルグは「剝奪《はくだつ》（vastatio）」と呼んでいる。

「この世で悪い生活を送った者たちはみな、〈見せかけ〉の真理に関して剝奪され、ついには悪と悪の虚偽しか残らなくなるまでにも剝奪される。そして剝奪された者は地獄へ沈下してしまう。これは、そうした者が他生に入った瞬間から間断なく続き、かくして各人の悪とそこから得た性質とに応じてさまざまな仕方で続くのである。剝奪は時には幾年も、五十年も続き、迅速なものもあれば、おそいものもある」（『霊界日記』5693）

「一方、天界へ上げられる者たちは、悪と虚偽に関して不断に剝奪されるので、ついに彼らは彼ら自身の善と真理との中にいるようになる。こうなる以前に彼らは天界に上げられえない。というのは、彼ら自身の悪や虚偽の重さが彼らを沈めてしまうからである。また彼らは、形体的なものである粗雑《そざつ》な外なるものや、たんに肉体的快楽にすぎない粗雑な世俗的なものの方面で剝奪されることによって改良される。そのとき彼らは天界へ上げられるようにいわば軽くなるが、このことは剝奪以前には起こりえない。剝奪は一年から五十年も続いている」（同右　5694）

先の日月神示にあった、〝この状態に入ったならば、悪的なものはますます悪的なものを発揮し、善的なものは善的な力をますます発揮する〟というくだりは、スウェーデンボルグの言う「剝奪」の過程を表したものとして注目に値する。

そしてここで重要なことは、中間界から天国や地獄へと振り分けが行われるが、それは神や閻魔《えんま》などが〝裁き〟を下すことによって強制的に振り分けを行うのではなく、あくまでも自分が自分の本性を剝《む》き出しにすることにより、自分の希望する霊界へと自ら向かうということである。つまり、その人（霊）が最も喜びを感じる境界に移り住むわけで、それはその人（霊）にとっての歓喜の世界であり、天国なのである。

「この中間世界から天国的世界をのぞむ時は、光明に満たされている。故に、何人も、この世界へ進みやすいのである。また、地獄的な世界は暗黒に満たされている故に、この世界に行く扉は閉ざされているのと同様であって、極めて進みにくいのである。天国には昇りやすく、地獄には堕ち難いのが実状であり、神の御意志である。しかし、この暗黒世界を暗黒と感ぜずして進みゆく者もあるのであって、その者たちには、それがふさわしい世界なのである。そこに、はかり知れないほどの大きく広い、神の世界がひらかれている。この地獄的暗黒世界は、暗黒ではあるが、それは比較から来る感じ方であって、本質的に暗黒の世界はなく、神の歓喜は限りないのである。以上のごとく、中間世界からは、無数の道が世界に通じており、生前から生後を通じて、思想し、行為した

ことの総決算の結果に現れた状態によって、それぞれの世界に通ずる道が自らにして目前にひらかれてくるのである。否、その各々によって自分自身が進むべき道をひらき、他の道、他の扉は一切感覚し得ないのである。故に、迷うことなく、自分の道を自分で進み、その与えられた最もふさわしい世界に落ち着くのである。他から見て、それが苦の世界、不純の世界に見えようとも、当の本人には楽天地なのである」（『地震の巻』第十七帖）

地獄　本来ないもの。ひたすら歓喜があるのみ

右の神示からしても、地獄というのが相対から来る見方であって、真実の地獄にあたる世界がないことは明らかであろう。

スウェーデンボルグは、地獄という概念を用いて霊界の説明を行っているが、日月神示では、地獄というものは本来ないということが繰り返し示されている。

天国と地獄とは、互いに持ちつ持たれつの関係にある。天国が存在するのは、地獄が存在するが故であり、地獄が存在するのは、天国が存在するが故であるという。

「天国を動かす力は地獄であり、光明を輝かす力は暗黒である。地獄は天国あるが故であり、暗は光明あるが故である。因が果にうつり、呼が吸となりゆく道程において、歓喜はさらに歓喜を生ず。その一方が反抗すればするだけ他方が活動し、また、強力に制しようとする。呼が強くなれば吸も強くなり、吸が長くなれば呼もまた長くなる。故に地獄的なものも天国的なものも同様に、神の呼吸に属し、神の脈打つ一面の現われであることを知らねばならない」（『地震の巻』第三帖）

「要するに、生前（注：ここでは、現世に生まれ出る前の意）には地獄がなく、生後にも、死後にもまた地獄はないのである。この一貫して弥栄し、大歓喜より大々歓喜に、さらに超大歓喜に向かって弥栄しつつ永遠に生命する真相を知らねばならぬ。しかし、天国や極楽があると思念することは、すでに無き地獄を自らつくり出し、生み出す因《もと》である。本来なきものをつくり出し、一を二に分ける。だが、分けることによって力を生み弥栄する。地獄なきところに天国はない。天国を思念するところに地獄を生ずるのである。善を思念するが故に、悪を生み出すのである。一あり二と分け、離れてまた、三と栄ゆ

るが故に歓喜が生まれる。すなわち、一は二にして、二は三である」（同 第五帖）

「本来悪はなく暗はなく、地獄なきことを徹底的に知らねばならない。これは生前、生後、死後の区別なくすべてに通じる歓喜である。一の天界に住む天人が、二の天界に上昇した時、一の天界は、極めて低い囚《とら》われの水の世界であったことを体得する。さらに一段上昇、昇華《しょうか》して、三の段階に達した時も同様である。地上人的感覚によれば、二の天界に進んだ時、一の天界は悪に感じられ、三の天界に進んだ時、一の天界は最悪に、二の天界は、悪に感じられる場合が多い。悪的感覚と悪的実態は自ら別であるが、この実状を感覚し分け得た上、体得する霊人は極めて少ないごとく、地上人に至りては極めて稀であることを知らなくてはならない」（同 第七帖）

「地獄はないのであるが、地獄的現われは、生前にも、生後にも、死後にもあり得る。しかし、それは第三者からそのように見えるのであって、真実の地獄ではない。大神は大歓喜であり、人群万類の生み主であり、大神の中に、すべてのものが生長しているためである」（同 第十七帖）

このように、日月神示では、天国が存在するのも地獄が存在するのも、どちらも神の歓喜の現われであり、大いなる御心《みこころ》であるとしている。われわれ地上に生きる者にとっては非常に納得がし難いところではあるが、神の目からは、われわれの言う天国も地獄もなく、ただひたすら歓喜があるのみなのである。

その意味からすれば、悪事をはたらけば地獄に落ち、善徳を積めば天国に行くという人間の平面的な考えは、誤りであると言える。地獄は本来ないのであるから、行きたくとも行きようがないというのが真実なのだ。あるのは、第三者から見た「地獄的な現われ」であるが、その境界に身を置く本人にとってみれば、それは極楽なのである。

悪があるから善がある、地獄があるから天国がある

このことは、畢竟、善と悪の概念にも通じることになる。

日月神示では、地獄はないと説かれるのと同時に、悪そのものも本来は存在しないのだと繰り返し示されている。

「愛は愛に属するすべてを愛とし、善となさんとするが故に悪を生じ、憎を生じ、真は真に属するすべてを真とし美となさんとする故に偽を生じ、醜を生ずるのである。悪あればこそ、善は善として生命し、醜あればこそ、美は美として生命するのである。悪は悪として悪を思い、御用の悪をなし、醜は醜として醜を思い、御用の醜を果たす。共に神の御旨の中に真実とし生きるのである」（同 第三帖）

「本質的には、善と真は有であり、悪と偽は影である。故に、悪は悪に、偽は偽に働き得るのみ。影なるが故に悪は善に、偽は真に働き得ない。悪の働きかけ得る真は、真実の真ではない。悪はすべてを自らつくり得、生み得るものと信じている。善はすべてが神から流れ来たり、自らは何ものをもつくり得ぬものと信じている。故に、悪には本来の力なく、影にすぎない。善は無限の力を受けるが故に、ますます弥栄する」（同 第五帖）

善や美というものは、悪や醜があるから生命するのだという。それは「御用の悪」であり、真実の悪ではない。

また悪は影に過ぎないという。別の箇所には、

「悪で行けるなら悪でもよいが、悪は影であるから、悪では続かんから、早う善に帰れと申すのぞ」（『黄金の巻』第七十八帖）

「悪とは影のことであるぞ。斜《なな》めに光を頂くから影出来るのぢゃ。影は主人ではないぞ。絶対は何と申しても絶対ぞ。相対から神を求めると、相対の神が顕われるぞ。相対で神の道に導くこと中々ぢゃ」（『黒鉄の巻』第二十四帖）

などと示されている。

悪に対するこうした概念は非常に大切な部分である。従来の宗教・思想・哲学では、悪は憎むべきものであり、叩き潰し、滅ぼし、排除すべきものとされてきたからである。

ところが日月神示では、悪が存在するから善が生命するのだという。地獄があるから天国があるのだという。

この説は、過去のあらゆる宗教家や思想・哲学者たちの考え方を根底から改めさせるものである。

主神が統御する〝善悪の均衡〟――スウェーデンボルグとの一致

唯一の例外は、スウェーデンボルグである。

彼もまた、主なる神は「善悪の均衡」を保つことにより、地獄を含む霊界のすべてを統御していると説明している。この思想は、日月神示と見事なまでに一致するものである。

次に、それに関連した記述を、『天界と地獄』からいくつか引用してみよう。

「天界の地獄に対する関係及び地獄の天界に対する関係は、互いに相反して作用し合う両対立者間の関係のようなものであり、またそれらの作用と反作用をする凡《あら》ゆるものに恒久性を与える平衡が生じるのであるから、凡てのものと各々のものとが平衡を保つためには、一方を支配される主が他方をも支配されることが必要である。なぜなら、主が地獄の隆起を抑制し、其処の狂気を抑えなければ、その平衡は消滅し、それと共に凡てのものは消滅するからである」（536）

「二つのものが互いに相対して作用し合い、一方が反作用と抵抗をするだけ他方が作用し駆動するなら、両方の何れにも等しい力が作用しているので結果は生じず、また、両者はそのとき第三者によって自由に作用され得るということは認められている。なぜなら、両者の力が等しい抵抗によって中性化されれば、第三者的な力は完全な効力を持ち、恰《あたか》も其処に何の抵抗もないかのように容易に作用するからである。このようなものが天界と地獄の間にある平衡である。しかしそれは二人の等しい力を持った肉体的闘争者間の平衡のようなものではなく、それは霊的平衡、即ち、真理に対する虚偽と善に対する悪との平衡である。地獄からは悪からの虚偽が、また、天界からは善からの真理が、それぞれ絶えず発散する。人をして自由に考えたり意志したりさせるのはこの霊的均衡である」(537)

「地獄は天界と同様、社会に分かれており、そして天界にある社会の数だけの社会に分かれている。というのは、天界の各社会は地獄にそれぞれに対抗している社会を持っているからで、これは平衡のためである」(541)

この、善悪の均衡、もしくは平衡という表現は、日月神示にも見られ、その意味するところもスウェーデンボルグ説とまったくと言っていいほど同じである。

「すべての善はヽより起こり、ヽに還るのと同様、すべての悪もまたヽより起こり、ヽに還る。故に、神を離れた善はなく、また神を離れた悪のみの悪はあり得ないのである。殊《こと》に地上人はこの善悪の平衡の中にあるが故に、地上人たり得るのであって、悪を取り去るならば、地上人としての生命はなく、また善は無くなるのである。この悪を因縁により、また囚われたる感情が生み出す悪だ、と思ってはならない。この悪があればこそ、自由が存在し、生長し、弥栄するのである。悪のみの世界はなく、また善のみの世界はあり得ない。所謂《いわゆる》、悪のみの世界と伝えられるような地獄は存在しないのである」（『地震の巻』第十五帖）

「地上人は、絶えず善、真に導かれると共に、また悪、偽に導かれる。この場合、その平衡を破るようなことになってはならない。その平衡が、神の御旨である。平衡より大平衡に、大平衡より超平衡に、超平衡より超大平衡にと進み行くことを弥栄というので

ある。左手は右手によりて生き動き、栄える。左手なき右手はなく、右手なき左手はない。善、真なき悪、偽はなく、悪、偽なき善、真はあり得ない。神は善・真・悪・偽であるが、その新しき平衡が新しき神を生む。新しき神は、常に神の中に孕《はら》み、神の中に生まれ、神に育てられつつある。始めなき始めより、終わりなき終わりに至る大歓喜の栄ゆる姿がそれである」（同右）

霊性進化のための悪――「悪を抱き参らせて」

悪を無くそうとすれば、それは同時に善を無くすことにもつながる。何故なら、どちらか一方を排除しようとすることは、「均衡」を破ることになるからであるという。そのため神は、悪を除かんとはし給わず、あくまで悪を悪として正しく生かさんとし給う。そしてここから、神示の言う「悪を抱き参らせる」という発想が生じるわけだが、この「悪を抱き参らせる」という表現は、スウェーデンボルグの教説には見られない。日月神示独特のものであるようだ。

「善のみにては力として進展せず、無と同じこととなり、悪のみにてもまた同様である。故に神は悪を除かんとは為し給わず、悪を悪として正しく生かさんと為し給うのである。何故ならば、悪もまた神の御力の現われの一面なるが故である。悪を除いて善ばかりの世となさんとするは、地上的物質的の方向、法則下に、すべてをはめんとなす限られたる科学的平面的行為であって、この行為こそ、悪そのものである。この一点に地上人の共通する誤りたる想念が存在する。悪を消化し、悪を抱き、これを善の悪として、善の悪善となすことによって、三千世界は弥栄《いやさか》となり、不変にして変化極まりなき大歓喜となるのである。この境地こそ、生なく、死なく、光明、弥栄の生命となる」（同　第九帖）

右の神示には、物質界に生きる地上人に課せられた役割、使命というものを窺《うかが》い知るヒントが隠されている。つまり、善人ばかりでは、神の経綸は弥栄に進展して行かないということである。悪あればこそ、真理は力として現れ給い、弥栄に進展する。

具体的に言えば、本当の善人ばかりの世の中になってしまうと、この世の霊性進化はストップしてしまうのである。

例えば、ある人が社会の諸悪に義憤を感じ、何とか世の誤りを正し、善き世づくりのために行動するとする。この時、社会の側を悪、自分の側を善と見ているわけで、これは善と悪との二元に分けていることになる。一つ上の視点から見れば、相手（この場合は社会）を悪と断じている自分もまた悪なのである。

しかし、多くの人々の間でこうした観念が生ずることにより、初めて真理は力として現れ、社会はより良い方向に変化し、経綸もまた進展することになる。要するに、地上界とは、そもそも善と悪が同時存在する世界なのであり、そこに生きる地上人は、善を生命させ、生長させる為に、〝御用の悪〟をつとめることもあり得るのである。

『地震の巻』第四帖には、こう示されている。

「霊人においては、善悪の両面に住することとは、原則として許されない。一時的には仮面をかむり得るが、それは長く続かず、自分自身絶え得ぬこととなる。地上人といえども、本質的には善悪両面に呼吸することは許されていない。しかし、悪を抱き参らせて、悪を御用の悪として育て給わんがために課せられたる地上人の光栄ある大使命なることを自覚しなければならない。悪と偽に、同時に入ることは、一応の必要悪、必要偽として許される。何故ならば、それがあるために弥栄し、進展するからである。悪を殺すこ

とは、善をも殺し、神を殺し、歓喜を殺し、すべてを殺す結果となるからである」

これまで、何故この世に悪が存在するのか、全知全能の神がいるならば、何故悪がこの世から無くならないのかということについて、古今東西、多くの宗教家たちは頭を悩まし続けてきた。しかし、ここに述べたような日月神示とスウェーデンボルグの善悪論は、この大きな謎の解明に一条の光をもたらすものとなるであろう。

天界 主神は〝太陽と月〟として出現している

スウェーデンボルグによれば、天界にも太陽があるが、その太陽とは主なる神の顕現《けんげん》であるという。すなわち、天界において、主なる神は太陽そのものではないが、太陽という形をもって現れており、それは現界における太陽のように、霊的な光と熱とを放出している。そしてその光とは、神的真理であり、熱は、神的善であるという。

また彼は、天界の太陽があらゆるものを生み出している、とも述べている。

「天界の太陽は主であり、そこの光は神的真理であり、熱は神的善であり、ともに太陽としての主から発している。天界で発生し、そこで見ることのできる凡《すべ》てのものは、この源から出ている。（中略）主は神的愛であり、その愛から霊的なものは凡て存在し、またこの世の太陽によって自然的なものは凡て存在するから、天界では主は太陽として見える。すなわち、その愛が太陽として輝くものである」（117）

さらに彼は、天界における太陽は、二つあるという意味のことを述べている。つまり、主なる神は、太陽として現れるだけではなく、太陰（月）としても現れているという。

「主は実に天界では太陽として見え給うことを、私は天使から告げられたばかりではなく、時折は見ることもできた。（中略）主は天界の中ではなく、諸天界の遥か上に太陽として見え給うが、それは頭の直上、または天頂のあたりでなく、天使たちの眼前の中ほどの高さの所である。主はかなりの距離を隔《へだ》てた二箇所に見え給い、一は右眼の前に、他は左眼の前に見え給う。右眼の前では主は恰も、正《まさ》にこの世の太陽の輝きと大きさを持ったそれのように見え給うが、左眼の前では太陽としてではなく、月として見え給い、それはこの地球のように白く輝き、またそのような大きさを持っているが、しかしそれよりは輝いており、また多くの小星のようなものに囲まれていて、その星の一つ一つも同じように白く輝いている」（118）

スウェーデンボルグは、このように主なる神が太陽と月という二つの形態をもって現れる理由について、人はそれぞれが主なる神を受ける性質に応じて主を見るからであると説明づける。主を「愛の善」をもって受け入れる者と、「信仰の善」をもって受け入れる者によって、主は異なった見え方をするというのである。

「主を愛の善をもって受け入れる者は、彼らの主の受け入れ方に応じて、主を火の燃える太陽として見奉るのであって、これらの者は主の天的王国に居り、他方、主を信仰の善をもって受け入れる者は、彼らの主の受け入れ方に応じて、主を白く輝いた月として見奉《たてまつ》るのであって、これらの者は主の霊的王国に居るのである」（同右）

この、天界では主なる神は太陽と月として現れるということ、及びそこから発せられる光と熱については、日月神示でも同様のことが説かれている。

「**大神の大歓喜は、大いなる太陽と現われる。これによりて、新しくすべてが生まれ出る。太陽は、神の生み給えるものであるが、逆に、太陽から神が、さらに新しく生まれ給うのである**」(『地震の巻』第三帖)

「**天国にも地上のごとく太陽があり、その太陽より、光と熱とを発しているが、天国の太陽は、一つではなく二つとして現われている。一は月球の如き現われ方である。**(中略)**愛を中心とする天人は、常に神を太陽として仰ぎ、智を中心とする天使は、常に神を月として仰ぐ。月と仰ぐも、太陽と仰ぐも、各々その天人、天使の情動の如何《いかん》によるのであって、神は常に光と、熱として接し給うのである。またそれは、大いなる歓喜として現われ給う。光と熱とは、太陽そのものではない。太陽は、火と現われ、月は、水と現われるが、その内奥はいずれも大歓喜である。光と熱とは、そこより出ずる一つの現われに過ぎないことを知らねばならぬ**」(同　第十九帖)

スウェーデンボルグの言う、主を愛の善の現れなる太陽と見る天的王国の住人と、主を信仰の善の現れなる月と見る霊的王国の住人のことを、日月神示ではそれぞれ〝日の霊人〟〝月の霊人〟と呼んでいる。〝日の霊人〟とは、神の歓喜を内的に、直接的に受け入れる霊人のことであり、〝月の霊人〟とは、神の歓喜を外的に、二義的に受け入れる霊人のことであるという。このことについては次章においてさらに触れたい。

霊界には時空間の概念がない——願いがそのまま実現する世界

霊界には、地上界のような時間・空間の概念がないという。

これはわれわれにとっては、いささか想像がし難いところである。時間・空間がないというのは、どのような世界なのだろうか。

それは例えば、太陽が中空のある位置に止まったままジッと動かず、昼・夜の区別なく、春夏秋冬の四季の変化なく、草花も咲いたまま枯れることがない。また、これこれこうした家に住みたい、と願うならば、地上界のように、それが実際に建つまでに数カ月も要することはなく、願うと同時に建つというものである。

あるいは、霊人は、心に行きたいと思った場所に、瞬時にして移動することができる。

また、ある人のことを考え、会いたいと思っていると、即座にその人が自分の前に現れるというものである。

このような世界であるから、霊人たちは、地上界に住むわれわれの認識しているような、時間・空間の概念を知らない。彼らが知っているのは、〝状態〟の変化のみである。

この霊界の時空論も、スウェーデンボルグと日月神示が、共通して説いていることである。スウェーデンボルグは、霊人たちと語り、彼らとの会話から知り得たことについて、こう記している。

「幼い頃に死んで内的な天界へ入って来た者たちは、時間や空間が何であるかを知らない。時間に関して言えば、その理由はこうである。すなわち、そこの太陽はこの世の太陽のように「見かけ上も」回転しないために、年や日を生み出さないからである。(中略)彼らはまた空間のことも知らない。なぜなら、空間は彼らの生命の状態の変化に応じてさまざまに変化しているからである。それゆえ、そこの空間は状態の外観であり、この世の空間のように固定されてもいない。そこの空間は生命の状態に応じて、また距離や大きさの点で変化している。そして彼らの空間はそうした性質をもつので、空間は依然存在してはいるものの、彼らは空間の概念をもっていない」

（『霊界日記』5623）

「私は彼らの幾人かと話し、

『空間とは何ですか？　また時間とは何ですか？』

と尋ねたが、彼らは全然それについて知らなかった。彼らは空間を、外観の変化にしたがって、美しい、または美しくない、と呼んだ。時間についていては異なり、

『時間とは生命の本質です』

と彼らは言った。しかし、そうしたものもやはり空間と時間であることが知られねばならない。天使たちは空間・時間のどんな観念ももっていないということは、ここに述べたいくつかの理由によってそうなのである」（同右　5624）

「彼らはまた、春・夏・秋・冬が何かも、朝・昼・夕・夜が何かも知らない。それでも、彼らは熱と寒冷、光と陰の観念はもっている。しかし、その観念を時間からではなく、彼らの生命の状態から得ている。さらに彼らは、そこにあらゆる事物をこの世にある事物のように見ているが、それでもそうした事物を空間に応じてではなく、彼らの生命の状態に応じて認めている」（同右

5627）

日月神示が示す霊界の時間・空間とは

スウェーデンボルグは、霊界における時空観について多くのことを述べているが、その意味するところは、日月神示と寸分違うところはない。それは、次に挙げるような、神示に出された記述をみるだけでも明らかである。

「霊人に空間はない。それは、その内にある情動によって定まるが故である。また、その理によって一定せる方位もない。また、時間もなく、ただ情動の変化があるのみである」（『地震の巻』第一帖）

「霊界には、時間がない。故に、霊人は時間ということを知らない。そこには、霊的事物の連続とその弥栄があり、歓喜によって生命している。すなわち、時間はないが状態の変化はある。故に、霊人たちは時間の変化はなく、永遠の概念を持っている。この永

遠とは、時間的なものを意味せず、永遠なる状態を意味するのである。永遠ということは、時間より考えるものではなく、状態より考えるべきである」（同　第十四帖）

「霊界には、物質世界のごとく空間はない。このことを地上人はなかなかに理解しないのである。霊界における場所の変化は、その内分の変化に他ならない。霊界に距離はない。空間もない。ただ、あるものはその態の変化のみである。故に、離れるとか、分かれるとかいうことは、内分が遠く離れていて、同一線上にないことを物語る。物質的約束における同一場所にあっても、その内分が違っている場合は、その相違の度に、正比較、正比例して、遠ざかっているのである。故に、地上的には、同一場所に、同一時間内に存在する幾つかの、幾十、幾百、幾千万かの世界、及びあらゆる集団も、内分の相違によって、感覚の対象とならないから、無いのと同様であることを知り得るのである」（同右）

要するに、霊界において「遠い」とか「近い」といった距離の問題については、自己の想念（内分）が、対象となるものと波調的に合致しているか、していないか、またその想念の強弱の度合いによって決定するのである。
スウェーデンボルグはこのことを、より明確に語っている。

「(霊界において) 近づいていることは、内部の状態が類似していることであり、離れていることは、それが類似していないことであることが明白である。このことから、類似した状態にいる者たちは、互いに他の近くにおり、類似していない状態にいる者は遠ざかっており、天界の空間は内なる状態に相応した外なる状態以外の何ものでもないことが生まれている」(193)

「霊界では、人は他の者に会いたいと切《せつ》にのぞみさえするなら、その者の前に現れるのである。なぜなら彼はその者に会いたいと切望することによって、その者を思いの中で見、その者の状態に自分自身をおくからであるが、反対に他の者に反感を抱くなら、その者から遠ざかってしまうのである」(194)

「また誰でも、一つの場所から他の場所へ行くときは、それが自分自身の都会の中のことであれ、または中庭内のことであれ、または庭園内のことであれ、または自分自身の社会の外にいる他の者のもとへ行くことであれ、その者がそのことを切実にねがうときは、速やかにそこに到着するが、そうでないときはのろのろと到着し——道そのものは、同一ではあるものの、願いのいかんによって長くも短くもなるのである。このことを私は再三ながめて驚いたのである」(195)

こうしたことからスウェーデンボルグは、霊界における距離や空間というものは、まったく天使(霊人)たちの内部の状態(内分)に順応しており、そのために、彼らが空間という概念を持たないことは明らかだと述べている。

霊界には方位がなく、常に〝神の歓喜〟＝中心を向いている

霊界には、空間や距離という概念がないために、方位についても、地上界におけるそれとは著しく異なる。

日月神示によれば、霊人たちは常に北を向いているという。北というのは、地上界で言う東西南北の北ではなく、「中心」のことであり、その「中心」とは「神の歓喜」のことであり、「太陽」もしくは「太陰」のことであるとされる。

「霊界人は、その向いている方向が北である。しかし、地上人の言う北ではなく、中心という意味である。中心は、歓喜の中の歓喜である。それを基として前後、左右、上下その他に、無限立体方向が定まっているのである。霊界人は、地上人が見て、いずれの方向に向かっていようと、その向かっている方向が中心であることを理解しなければならない。故に、霊人たちは、常に前方から光を受け、歓喜を与えられているのである。（中略）**地上人から見て、その霊人たちが各々異なった方向に向かっていようとも、同じく、それぞれの中心歓喜に向かって座し、向かって進んでいる。上下、左右、前後に折り重なっていると見えても、それはけっして、地上人のあり方の如く、霊人たちには障害とならない。各々が独立していて、他からの障害を受けない。しかし、その霊人たちは極めて密接な関係におかれていて、全然別な存在ではない。各自の眼前に、それ相応な光があり、太陽があり、太陰があり、歓喜がある」**（同　第六帖）

スウェーデンボルグは、天使たちは皆、東を向いていると述べている。しかしこの東とは、主なる神の顕現である太陽のある方向という意味を持っている。日月神示の言う「北」

とは言葉上は相違するものの、霊人たちの顔の向きが常に神（＝太陽、太陰）に向かっているという点では同じである。

「天界では主が太陽として見えるところが東と呼ばれ、その反対側が西であり、右手に天界の南があり、左手に北があり、顔と身体とはどのような方向に向いていても、これは定まっている。このように天界では凡ての方角が決定されるのは東によるのである」（141）

「もう一つの（この世における方位との）相違は、天使たちには東は常にその眼前に、西は背後に、南は右に、北は左に在るということである。しかし人間は凡ての方向にその顔を向けるから、このことはこの世では容易には理解され難いので、それを説明しなくてはならない。全天界はそれの中心に向かうかのように主に向いており、その中心へ凡ての天使たちも向いている。（中略）即ち、天界では身体の前部が共通の中心へ向っていることである。世のこの向きは、求心力とか、引力とか呼ばれている。天使たちの内部は実際に前方に向いており、内部は顔に表れるものであるから、方角を決定するものは顔である」（142）

邪神・邪霊とは〝太陽に背を向ける〟霊人たちのこと

霊界において、霊人たちはこのように常に太陽に顔を向けているわけであるが、日月神示はさらに、彼らとは逆の、「太陽に背を向ける霊人」もいると付け加えている。そうした霊人たちこそ、多くの地上人が邪霊とか邪鬼などと呼んでいる霊たちなのだという。

「霊人の中では、太陽を最も暗きものと感じて、太陽に背を向けて呼吸し、生長しているという（注：〝者もある〟が欠落か）。**地上人には理解するに困難なことが多い。要するに、これらの霊人は、反対のものを感じ、かつ受け入れて生活しているのであるが、そこにも、それ相当の歓喜があり、真実があり、生活がある。歓喜の受け入れ方で、その厚薄の相違はあるが、歓喜することにおいては同様である。歓喜すればこそ、かの霊人たちは太陽に背を向け、光を光と感得し得ずして、闇を光と感得していることを知らねばならぬ。この霊人たちを邪霊と呼び、邪鬼といい、かかる霊人の住む所を地獄なりと、多くの地上人は呼び、かつ感じ、考えるのである。しかし、それは本質的には地獄**

でもなく、邪神、邪霊でもない」（『地震の巻』第六帖）

そしてこのことは、スウェーデンボルグの表現をもってすれば、次のように説明されるのである。

「地獄にいる者たちは、その逆になっている。彼らは太陽としての、または月としての主を仰がないで、主に背を向けて、世の太陽に代わっている暗黒と地球の月に代わっている蔭とを見つめており、魔鬼と呼ばれている者らは世の太陽に代わっている暗黒を見つめ、〔悪〕霊と呼ばれる者らは地球の月に代わっている蔭を見つめている。（中略）

この理由から、地獄の者らの方位は、天界の方位とは反対になっている。彼らの東はその暗黒と蔭との在るところである。西は天界の太陽の在るところである。南は彼らの右に、北は彼らの左にあり、これもまた彼らがその身体を何処に向けても不変である。彼らもまたそれ以外の方向に顔を向けることはできない、なぜなら彼らの内部の方向は凡て、引いては〔内部の〕決定は凡てその方へ向き、また、その方に向かって努力しているからである」（151）

方位については、なお詳細な説明を要する部分もあるが、ここに紹介した日月神示、及びスウェーデンボルグ説を比較するだけでも、両者がまったくと言っていいほど同じことを説いているものであることがわかるだろう。

その描写説明は、スウェーデンボルグの方が具体的で、分量的にもはるかに多い。しかし、われわれ日本人にとっては、日月神示に示された内容（とくに『地震の巻』に示されたもの）の方が、神道的な観点からの解釈が上手くなされており、よく理解しやすいのではないかと思われる。

霊界における社会形態はどうなっているか

霊界では、「同気相寄る」という法則がある。現界においてもある程度この法則は適用され、「引き寄せの法則」という言葉でも知られるが、霊界においてこの法則は顕著になり、絶対的なものとなる。

死後、肉体を脱ぎ、霊体となった後に、然《しか》るべき段階の霊界の境域に振り分けられるが、そこでは皆一度も会ったことはなくとも、まるで百年の友か、兄弟姉妹であるかのように、お互いに通じ合うことが出来るのである。

「同気同類の霊人は、同一の情態で、同じ所に和し、弥栄え、然らざるものは、その内蔵するものの度合に正比例して遠ざかる。同類は相寄り、相集まり、睦び栄ゆ。生前の世界は、地上人の世界の原因であり、主体であるが、また死後の世界に通ずる。同気同一線上にいる霊人たちは、かつて一度も会せず語らざるも、百年の友であり、兄弟姉妹であるごとくに、お互いに、そのすべてを知ることができる」(『地震の巻』第四帖)

神示によれば、このような霊人が肉体を持って地上界に生まれ出た場合は、同一の思想系を持つという。ただし、地上界においては地上的な時間・空間の制約があるために、霊界のようにお互いに会ったり話したり出来ない、ということも生じてくる。

また、無限の段階がある霊界においては、同一の想念波調を有する者どうしが互いに集まって、同一の想念波調による共同体を形成している。そしてその団体は、波調の相違に応じて無数の種類や規模のものがあり、その数も無数にある。

「同一状態にある霊人が多ければその団体は大きく、少なければ、その集団は小さい。数百万霊人の集団もあれば、数百、数十名で一つの社会をつくる団体もある。各々の団体の中には、またとくに相似た情動の霊人の数人によって、一つの家族的小集団が自らにして出来上がっている。そしてまた、各々の集団の中心には、その集団の中にて最も神に近い霊人が座を占め、その周囲に幾重にも、内分《ないぶん》の神に近い霊人の順に座を取り囲み運営されている。もしそこに、一人の場所、位置、順序の違いがあっても、その集団は呼吸しない。而《しか》してそれは一定の戒律によって定められたものではなく、惟神《かんながら》の流れ、すなわち歓喜によって自ら定まっているのである。またこれら集団と集団との交流は、地上人のごとく自由ではない。総ては⦿のヽを中心として⦿の姿を形成しているのである」（同右）

右の神示で興味深いのは、霊人たちの集団は、それが如何《いか》なる規模のものであっても、中心に最も神に近い霊人がおり、内分（想念波調）の神に近い霊人が順に幾重にも取り囲む形で、⦿の姿を成しているということである。つまり、中心に位置する霊人がヽにあたり、周囲の霊人たちが○にあたるとしている。
そして実に不思議なことに、スウェーデンボルグも、天界の集団社会についてまったく同様のことを述べている。
そのうちいくつかの項目を、『天界と地獄』から引用してみよう。

「一つの天界の天使たちはその全部が一つのところにいるのではなく、その抱いている愛の善と信仰の相違に従って、大小の幾多の社会に区別されている。類似した善にいる者たちは一つの社会を形作っている。諸天界の諸善は無限の多様性をもち、天使各々はその者自身の善である」(41)

「(前略) さらに完全な者、すなわち、善にすぐれ、かくて愛、知恵、理知にすぐれた者たちは真中におり、それほどすぐれていない者は周囲におり、その完全の度が劣るに応じて遠ざかっている。それは光が真中から周辺に向かって減退していくのに似ている。真中にいる者たちはまた最大な光の中におり、周辺に向かっている者たちの光は、益々減少している」(43)

「類似した善にいる者たちはまた、以前互いに他を見たことはないものの、ちょうど世の中の人間がその親類の者、近親の者、友を知っているように、互いに他を知っているが、それは他生（霊界）には霊的なものである親類、近親、友情、引いては愛と信仰とに属しているもの以外のものは存在していないという理由によっている」(46)

「諸天界には大小の社会のあることは前述した。大きなものは巨万の天使から、小さなものは数千の天使から、最小のものは数百の天使から成っている。また、いわば家ごとに、家族ごとに、他から離れて住んでいる若干《じやつかん》のものもある。これらのものも、そのように散らばって住んではいるものの、社会の内にいる者のように、依然《いぜん》秩序正しく配列されていて、賢い者は真中に、単純な者は周辺にいる。彼らは主の神的庇護《ひご》の下に直接置かれていて、天使たちの中でも最良の者である」(50)

霊界の構造や仕組みについての説明はひとまずここで一区切りし、次章においては、霊人たちの使用する言葉や文字、その社会形態、あるいは霊人と地上人との関係といったことについて、論じてみることにしよう。

第三章

日月神示・スウェーデンボルグが説く「霊界の真相」

〝神・幽・現〟の実相と最奥の秘密

霊界の真相①　地上のあらゆるものは霊界と相応している

前章においては、霊界の構造や仕組みといった点について解説してみたが、本章では、霊界とはどのような社会になっているのか、あるいはそこに住む霊人たちはどのような思考や感覚を持っていて、どのような言語や文字を使用しているのか、といったことなどについて、紙面の許す限り述べていきたい。

まず、霊界というところが、地上界と感覚的にかなり異なっており、地上人にとってはなかなか理解が出来ないことが多くあることは、前章において触れた通りである。しかし、霊界にはどういう自然があって、どういう社会があるのか、といった具体論について言えば、それは、われわれの住む地上界とほとんど同じものがある、と考えてよい。

つまり、町があれば村もあり、都市もあり、山や川や野や海があり、家々があり、学校があり、工場があり、農園があり、地上界にあるものがそのまま存在する。というより、霊界にあるものが本質であり、実物なのであって、地上界にあるものは、その〝写し〟であり、投影物に過ぎない。

地上物質界のことを、よく世間では「うつし世」と言うが、それはこうした霊界と現界との関係を述べたものである。

このことは、『地震の巻』第十五帖に、次のように記されている。

「霊界には、山もあり、川もあり、海もあり、また、もろもろの社会があり、霊界の生活がある。故に、そこには霊人の住宅があり、霊人はまた衣類をもつ。住宅は、その住む霊人の生命の高下によって変化する。霊人の家には、主人の部屋もあれば、客室もあり、寝室もあり、また食堂もあり、風呂場もあり、物置もあり、玄関もあり、庭園もある、といったふうに、現実世界とほとんど変わりはない。ということは、霊人の生活様式なり、思想なりが、ことごとく同様であるということを意味する。また、内分を同じくする霊人たちは、相集まり、住宅は互いに並び建てられており、地上における都会や村落とよく似ている。その中心点には多くの場合、神殿や役所や学校など、あらゆる公共の建物が、ほどよく並んでいる。そして、これらのすべてが霊界に存在するが故に、地上世界に、それの写しがあるのである。霊界を主とし、霊界に従って、地上にうつし出されたのが、地上人の世界である」

地上界のあらゆるものは、霊界における天国的なレベルのものから地獄的なレベルのものまで、様々なものと相応している。つまりこの世には、善的なもの、悪的なもの、天国的なものから地獄的なものに至るまでが混在しているが、その出自はすべて霊界にある。この〝相応〟については、スウェーデンボルグも、〝correspondentia（対応、あるいは照応とも）〟という言葉を用い、

「自然に存在する凡《あら》ゆるものは、その最小のものから最大のものに至るまでも、相応である。それらが相応であるのは、自然界はその中に一切のものとともに、霊界から存在し、存続し、両世界とも神的なものから存在し、存続しているためである」（106）

などと繰り返し述べており、地上界のあらゆる事物は、霊界における何らかの事物の表現であり、そこから生み出されているとしている（彼は、自然界は霊界の複製《レプリカ》であるとさえ述べている）。

ここで重要なことは、霊界における周囲のあらゆるものは、霊人たちの内的な想念状態、

すなわち内分《ないぶん》から生み出され、創り出されているということだ。したがって、霊人の住む環境は、すべて霊人自身の内分と〝相応〟である。

極端な表現を以《もっ》て説明すると、内分が天国的であれば、霊人は自らの周囲に輝かしい楽土を創出し、同様の想念波調を持つ天人・天使たちと交わり、天国的な社会に身を置くことになる。反対に、内分が地獄的であれば、霊人は自らの周囲に臭気《しゅうき》紛々《ふんぷん》たる穢土《えど》を創出し、同様の想念波調を持つ地獄霊たちと交わり、地獄的な社会に身を置くことになるのである。

霊界の真相② 神界は〝天国〟と〝霊国〟の二つに分かれる

さて、前章においても少し触れたが、日月神示で言う神界は、天国と霊国の二つに分かれる。

そして、これら二つの神界には、それぞれ性質の異なる霊人たちが住む。日月神示は、天国には天人が住み、霊国には天使が住む、としている（前出『龍音之巻』第四帖）。

この天人と天使というのは、『地震の巻』に示されている「日の霊人」「月の霊人」と関連があるようだ。その記述は次の通りである。

「神の歓喜を内的に受け入れる霊人の群は無数にあり、これを日の霊人という。神の歓喜を外的に受け入れる霊人の群も無数にあり、これを月の霊人という。月の霊人の喜びが、地上人として地上に生まれてくる場合が多い。日の霊人は、神の歓喜をその生命にて吸い取るが故に、そのままにして神に抱かれ、神に融《と》け入り、直接地上人として生まれ出ることは極めてまれである。月の霊人は、神の歓喜をその智の中に受け入れる。故に、神に接し得るのであるが、全面的には融け入らない。地上人は、この月の霊人の性をそのまま受け継いでいる場合が多い。日の霊人は、神の歓喜をそのまま自分の歓喜とするが故に、何等それについて疑いをもたない。月の霊人は、神の歓喜を歓喜として感じ、歓喜として受け入れるが故に、これを味わわんとし、批判的となる。ために二義的の歓喜となる。故に、日の霊人と月の霊人とは、同一線上には住み得ない。おのずから別の世界を創り出すが故に、原則としては、互いに交通し得ないのである」（『地震の巻』第一帖）

「日の霊人」と呼ばれる人々は、神の歓喜を直接に受け入れており、「月の霊人」と呼ばれる人々は、神の歓喜を間接に受け入れているという。

地上から天空を仰いでみると、太陽からは主なる神の「光」と「熱」がストレートに降り注いでいる。一方、月からは、太陽の「光」と「熱」が、いったん月に反射する形で地上に到達している。

地上界は霊界の写しであり、霊人の性質はそのまま地上人の性質とも相似である。つまり、「日の霊人」系の人間は、神というものを理屈抜きで、直観的に感じ、交流することができる。「月の霊人」系の人間は、「神とは何か」といったようなロジカルなアプローチにより、神を理解しようと努め、書物を読んだり、説法を聞いたりする。そうして見た場合、地上界には、「月の霊人」系の人々が圧倒的に多いらしいことがわかるだろう。

霊界においては、厳密に波調によって形成される世界となるため、波調の異なる「日の霊人」と「月の霊人」の交流は原則として起こらない。だが、地上物質界というところは、あらゆる霊的波調が混在する世界であるので、両者の交流はたやすく起こる。

ただし、それでもある程度、霊界と同様の法則（「同気相寄る」の法則）は、地上界においても適合される。

この、日の霊人と月の霊人という二種類の霊人については、霊界の仕組みや霊人たちの性質を知る上でも大変に重要な部分を成していると言える。

霊界の真相③ スウェーデンボルグも二種類の王国を説く

スウェーデンボルグの言う天界も、日月神示に示された神界構造のように、二つの王国に分かれる。一つは天的王国であり、一つは霊的王国である。

そして、それぞれの王国には、日月神示で言う「日の霊人」と「月の霊人」に相当する天使たちが住んでいるという。

「天界には主から発出する神性を他のものよりも内的に受ける天使たちと、それほど内的に受け入れない天使たちとがあり、前者は天的天使たちと呼ばれ、後者は霊的天使たちと呼ばれる。この相違から天界は二つの王国に分かれ、一は天的王国（Celestial Kingdom）と呼ばれ、他は霊的王国（Spiritual Kingdom）と呼ばれている」（21）

「天的王国を構成する天使たちは、主の神性をより内的に受け入れる故、彼らは内的天使または高い天使と呼ばれ、同じ理由から、彼らが構成している諸天界は、内的天界または高い天界と呼ばれる。それらが高いとか低いとか呼ばれるのは、これらの語が内的なものと外的なものとを示しているからである」（22）

スウェーデンボルグによれば、天的天使たちは、主なる神の神性をより内的に受け入れているため、霊的王国にいる天使たちよりも、智恵と栄光においてはるかに優《まさ》っている。それは、彼ら天的天使たちが主への愛にあるため、主により近く、またより密接に結合している状態にあるからだという。

次の説明は、このことを踏まえたものである。

「これらの天使たちがこのようであるのは、彼らは自分たちの生命の中へ神的真理を直接に受け入れ、また受け入れ続け、霊的天使たちのようにまず記憶と想念の中に受け入れるようなことをしないからである。したがって、彼らは神的真理が心に録されていてそれを覚知し、あたかも自分自身の中にそれを見ているかのようであり、それが真であるか否かを推論するようなことはけ

っしてしない」(25)

まさにこれは、日月神示に示された「日の霊人は、神の歓喜をそのまま自分の歓喜とするが故に、何等それについて疑いをもたない。月の霊人は、神の歓喜を歓喜として感じ、歓喜として受け入れるが故に、これを味わわんとし、批判的となる」という一節にそのまま符合するものである。

霊界の真相④ 霊人たちの言葉は地上人の数百倍の意味をもつ

霊人たちは、どのような形でコミュニケーションを取っているのだろうか。

日月神示やスウェーデンボルグによれば、霊人たちもまた、地上人と同じように言葉や文字を用いている。しかしそれは、地上人の用いるそれとはかなり異質なもので、感覚的にもちょっと想像のし難いものである。

そしてそれは、「日の霊人」と「月の霊人」とで相違がある。これは内分の違いから来るものである。

まず、霊人たちの使用する言葉についてみてみよう。

地上界においては、肉声を使って話をする場合、適当に近い距離でないと会話をすることが出来ない。これは当たり前である。

しかし、霊界においては、空間がないために、距離も存在せず、ただお互いの想念の融和がコミュニケーションを成立させる要素となる。


「霊人は、遠くにいても近くにいても、常にお互いに語り得る。同一線上にいる霊人の言葉は、いずれも同一であって共通する。霊人の言葉は、霊人の想念のままに流れ出るのであるから、そのままにして通じるのである。しかし、相手が聞くことを欲しない時には聞こえない。それはちょうど、テレビやラジオのごときものであると考えたらよい。またその語ること、その語音によって、その相手のいかなるものなるかを知り得るのである。すなわち、その発音から、その言葉の構成から、その霊人のいかなるものなるかは、ただちに判明する」（『地震の巻』第十一帖）

スウェーデンボルグは、天界には共通の言語ともいうべきものがあり、それは習得を必要とするものではなく、すべての霊人に備わっているものであること、霊人たちは距離に関係なく他を理解していることなどを述べている。

「全天界のすべての者は一つの言葉を持っており、いかような社会から来ていようと、また近くにいようと、遠くにいようと、互いに他を理解している。言語はそこでは学ばれないで、各々の者に備わっている、なぜならそれは彼らの情愛と思考そのものから流れ出ているからである」(236)

また、天界で用いられる言語の大きな特徴として、「二、三の簡単な言葉」の中に、地上人には考えられないほどの多くの意味を込めることが出来る、というものがある。これは天界における「文字」の場合も同様である。

「天使たちは人間が半時間かかっても表現できないものを一分で表現することもでき、また多くの経験から私に証明されたのではあるが、数頁を費やして書かれているものでも二、三語で示すこともできる」(240)

このことは、日月神示にも、

「霊人の言葉は、地上人の言葉に比して、その内蔵するものが極めて深く広いが故に、霊人の一語は地上人の数十語、数百語に値する場合が多く、その霊人が高度の霊人であればあるだけに、その度を増してくるのである」（『地震の巻』第十一帖）

と示されている。

霊界の真相⑤　〝日の霊人〟〝月の霊人〟母音に隠されていた真実

霊人の使用している言語には、もう一つ、指摘しておくべき重要な特性がある。

それは、彼らの言語に含まれる母音（ア・オ・ウ・エ・イ）についてである。

今述べた、「日の霊人」と「月の霊人」（スウェーデンボルグの言う「天的王国」に住む天使と「霊的王国」に住む天使）という二種類の霊人たちは、神の歓喜を直接的に受けるか、二義的に受けるかという違いを持つが、その違いが、彼らの使用する言語の中に現れているという。

それは、日月神示によれば次のようなことである。

「霊人の言葉は、歓喜に発するが故に歓喜そのものであり、神の言葉でもあるが、その霊人の置かれている位置によって二つのものに大別し得る。歓喜の現われとしての愛に位置している霊人の言葉は、善的内容を多分に蔵している。故に、柔らかくして連続的であり、太陽の⦸（ひかり）と●（熱）とに譬《たと》えることができる。また、歓喜の現れとして真に位置する霊人の言葉は、智的内容を多分に蔵している。故に、清く流れ出《い》でて連続的ではなく、ある種の固さを感じさせる。そしてそれは、月の光と水のごとき清さを感じさせる。また前者は曲線的であって消極面を表に出し、後者は直線的であって積極面を表に出している。また前者は愛に住するが故に、主にO（オ）とU（ウ）の音が多く発せられ、後者は智に住するが故に主としてE（エ）とI（イ）の音が多く発せられている。そして、そのいずれもがA（ア）音によって統一要約する神密極まる表現をなし、またそれを感得し得る能力をもっている。しかし、これらO・U、E・I、及び

Aの母音は想念の、をなすものであって、地上人よりすれば、言葉そのものとしては感得し得ないことを知らねばならないのである」（『地震の巻』第十一帖）

すなわち、「日の霊人」の言葉には、善的、愛、連続性、消極性、オ音とウ音を多く含むといった特徴があり、「月の霊人」の言葉には、智的、真、非連続性、積極性、エ音とイ音を多く含むという特徴がある。そしてそれら四つの母音は、それらすべての特質を持ったア音によって統一されている。

筆者の私見であるが、地上人においてこのことは、それぞれの母音を発声する時の口（唇）の形からも窺《うかが》われる。

アの音を発する際は、口や唇に力を入れず、自然に開くだけでも発声できる。つまり、何ら力（我）を入れずとも発声できる音であり、その意味においてア音は母音の基本音とも言えるものである。

また、オ音とウ音は、唇を丸く窄《すぼ》めなければ正しく発声できない。これは肉体（唇）が曲線をなして初めて発声せらるる音である。

そして、エ音とイ音は、唇を横に長く直線的に張らなければ正しく発声できない。これは肉体（唇）が直線をなして初めて発声せらるる音、ということができる。

このような、肉体を通じた地上人の発声形態と、霊人の言葉に含まれる母音上の特徴とは、無関係ではないように思われる。

なお、付記すれば、ア・オ・ウ・エ・イの五大母音は、神道霊学で言う「一霊四魂《いちれいしこん》」と何らかのつながりがあるのではないかと筆者は推測している。つまり、オ音とウ音は和《にぎ》魂《みたま》と幸魂《さちみたま》に、エ音とイ音は荒魂《あらみたま》と奇魂《くしみたま》に、そしてア音は一霊である直霊魂《ちょくれいこん》に、それぞれ相応しているのではないかと思われるのだ。

さて、この日月神示の記述とまったく同様のことを、スウェーデンボルグが述べているので、左に記してみよう。


「主の天的王国の天使たちはその霊的王国の天使たちのように話すが、しかしさらに内的な思考から話している。天的天使たちは、主に対する愛の善にいるため、知恵から話し、霊的天使たちは、真理を本質とするところの、隣人に対する仁愛の善にいるため、理知から話している――それは知恵は善から、理知は真理から発するからである。そこから天的天使たちの言葉は柔らかい、おだやかな流れのようで、いわば連続しているが、しかし霊的天使たちの言葉は少しふるえて、とぎれている。天的天使たちの言葉にはウとオの母音が多いが、しかし霊的天使の言葉にはエとイの音が多い、なぜなら母音は音声〔語調〕を作り、音声〔語調〕の中には情愛があり、天使たちの言葉の音声は――前に述べたように――情愛に相応しており、音声が発せられて、語となったものは、情愛から発している思考の観念に相応しているからである。（中略）すなわち善がふくまれている語にはウとオとが多く、また、多少アもあるが、真理がふくまれているものにはエとイとが多いのである」（241）

霊界の真相⑥ 音楽と母音――天的な韻律《いんりつ》の不思議な関係

さらに日月神示は、霊界における音楽にもこれら母音が関連していること、及び霊人たちの言葉にはある種の韻律《いんりつ》があることについて示している。

「霊界における音楽もまた同様であって、愛を主とした音楽はO及びUを多分に含み、曲線的であり、真を伝える音楽はI及びEの音が多く、直線的である。またこれら霊人の言葉は、天的の韻律をもっている。すなわち愛を主とするものは、五七七律を、真を

主とするものは、三五七律を主としているが、その補助律としては、千変万化である。言葉の韻律は、地上人が肉体の立体を持っているごとく、その完全、弥栄を示すものであって、律の不安定、不完全なものは、正しき力を発揮し得ず、生命力がないのである」（『地震の巻』第十一帖）

スウェーデンボルグは、こうした霊人の音楽と母音との関連が、人間にもあてはまるという意味のことを述べている。

「情愛は主として語調より表現されるため、人間の言葉でも大きな問題が語られるときは、例えば天〔コエルーム〕や神〔ゼウス〕が語られるときは、ウとオをふくんだ語が好んで用いられている。音楽の音もまた、そうした主題が表現されるときは、その同じ母音に向かって高まっているが、それほど荘重なものでない主題ではそうしたことはない。この方法により音楽の技術には色々な種類の情愛を表現する方法が知られている」（241）

ただし、スウェーデンボルグは、霊人の言葉にみられる韻律については触れていないようだ。愛を主とするものは「五・七・七」律を、真を主とするものは「三・五・七」律を有しているという記述は、日月神示独特のものである。

「五・七・七」律からなる歌は、〝かたうた（片歌、型歌）〟と呼ばれる。『古事記』には、神武天皇の御製として、

かつがつも　いや先立《さきだ》てる　兄《え》をし枕《ま》かむ
媛女《をとめ》に　直《ただ》に遇《あ》はむと　我《わ》が黥《さ》ける利目《とめ》

（あの一番前に立っている娘（伊須気余理比売《いすけよりひめ》）を妻にしたい。あなたに、まっすぐにお目にかかろうと思って、私はするどく見開いているのです。〔訳：奈良県庁 地域振興部 文化資源活用課 第7話「狭井河の出会い」〕）

また倭建命《やまとたけるのみこと》の詠んだ句として、

愛《は》しけやし　吾家《わぎへ》の方《かた》よ　雲居《くもい》立《た》ち来《く》も

（ああ、なつかしい、私の家の方から雲が立ち上って来ることよ。〔訳：学研全訳古語辞典〕）

などが記されている。奈良時代以前には、多くは問答に用いたという。

岡本天明氏夫人であった故・岡本三典《みのり》女史によれば、この「五・七・七」律歌は、神武天皇が始めて詠《よ》まれた後、清寧《せいねい》天皇まで約千百余年詠みつがれた原型の歌と言われ、江戸

中期の天明年間に、建部綾足《たけべあやたり》（国学者にして画家・俳人）が片歌の復興を企て、時の右大臣・華山《かざん》公の援助により、一時は京都で盛《さか》んになったものの、その後はまた跡を断っていた。岡本天明氏は昭和十五年に、この片歌を「すめら歌」として復興し、戦時中の数年間にはたちまちに一万人余りの若人の参加を得たが、ほとんどの若者が戦死したため、終戦後は、わずかな同志と共に時々詠むという状況だったという（岡本天明著『霊界研究論集』新日本研究所）。

天明氏が、片歌を復興させようと努力されたのは、天的な愛の律をもつ歌を詠むことで、天界の気を地上界に少しでも反映させようと試みたものであったのかもしれない。

霊界の真相⑦ 文字・言葉は多くの〝密意〟を含んでいる

次に、霊人の使用する文字について少し説明してみたいが、これも霊界で使用される言葉と本質的には変わりはない。

われわれ地上人の使用する文字と比較すると、かなり性質が異なっており、想像することが難しいが、霊界の文字とは、地上界の文字のいわば元をなすものである。

日月神示の一節を見てみよう。

「中心に座す太神《おおかみ》のお言葉は、順を経て霊人に至り、地上人に伝えられるのであるが、それはまた霊界の文字となって伝えられる。霊界の文字は、主として直線的文字と曲線的文字の二つから成る。直線的なものは、月の霊人が用い、曲線的な文字は、太陽の霊人が使用している。ただし、高度の霊人となれば文字はない。ただ文字の元をなすヽと☉と＋があるのみ。また高度の霊界人の文字として、ほとんど数字のみが使用されている場合もある。数字は、他の文字に比して多くの密意を蔵しているからである。しかしこれは不変のものではなく、地上人に近づくに従って漸次変化し、地上人の文字に似てくるのである」（『地震の巻』第十三帖）

日月神示の原文は、一から十、百、千といった数字や、仮名、ヽ、〇、☉、＋、◎などの記号らしきものから成っており、解読には難解を極める。なかには、どうしてこのように訳せたのか、原文と訳文を照合してもさっぱりわからないものも多くある（次ページ参照）。とりわけ数字が多く含まれているのは日月神示の大きな特徴である（同系の神示であ

『天つ巻』

第九帖　原文

一二三　一二三　五八七八八九　三八七四九　八四七三三　十八四二十十三八九ノ七七十一二三一三一十⦿五一九二　一二三

第二十一帖　原文

六五二八一五八八九三一十　二六四三七七十十三八七二　四二一九三四九十四十八九二九十二一《ヒ》二《フ》三《ミ》　三《ミ》四《ヨ》五《イツ》十《ト》百千《モモチヨロズ》卍⦿《カミ》一《イ》十《ソ》九《グ》三《ゾ》四《ヨ》八七一《ハチガツナノカ》二⦿《ヒツキ》二《フ》三《ミ》三《ゾ》

第九帖　訳文

ひふみの秘密出でひらき鳴る、早く道展き成る、世ことごとにひらき、世、なる大道で、神ひらき、世に神々満ちひらく、この鳴り成る神、ひふみ出づ大道、人神出づはじめ。九月二日、ひつぐのかみ。

第二十一帖　訳文

みろく出づるには、はじめ半《なか》ばは焼くぞ、人、二分は死、みな人、神の宮となる。西に戦争《いくさ》しつくし、神世とひらき、国毎に、一二三《ひふみ》、三四五《みよいづ》たりて百千万《ももちよろず》、神急《いそ》ぐぞよ。八月七日、ひつくのかみふみぞ。

る『大本神諭』はほとんどが平仮名より成る）。

スウェーデンボルグは、霊界の文字についても多くのことを述べているが、その一部を引用してみる。

「最内部の諸天界の文書は色々な屈折した、またわん曲した形のものから成り、その屈折とわん曲とは天界の形に応じており、それによって天使たちは彼らの知恵のアルカナ〔秘義。神示で言う「密意」のこと〕を表現し、また語で表すことのできない多くの物を表現しており、驚嘆すべきことは、天使たちはその文書を教えられなくとも、または教師がいなくても、それを知っており、それは彼らの中に彼らの言葉そのもののように植えつけられ、かくてこの文書は天界の文書であるということである」（260）

「私はまた、ちょうど文字と語から成った文書のように、ただ数字が秩序正しく、連続的にできているところの、天界から来た文書を見たことがあるが、この文書は最内部の天界から来ており、その天界の文書は、そこから思考が流れ下ると、低い天界の天使のもとでは数字で示されるのであり、この数字の文書にも同じくアルカナが含まれていて、その中には思考によっては理解され

ることもできないし、また語によっても表現されることもできないもののあることを教えられたのである」（261）

右のスウェーデンボルグの説明は、まさしく日月神示の原文が、なぜそのほとんどが数字から成っているのか、という謎に明快に答えてくれている。つまり日月神示とは、彼の言を以てすれば「最内部の天界から来ている文書」なのであり、そのため、必然的に多くのアルカナを含む〝数字〟が文書の大半を占めることになるのである。

また彼は、なぜ文字よりも数字に多くのアルカナが含まれるかという理由についても、続けて述べている。

「なぜなら数字はすべて相応しており、語と同じく、相応に従った意味を持ってはいるが、しかも数字には全般的なものが含まれ、語には個別的なものを含んでいるという相違があり、一つの全般的なものは無数の個別的なものを含んでいるため、数字の文書は文字の文書よりもさらに多くのアルカナを含んでいるからである」（261）

世間には神示とか霊示と呼ばれるものは多く出回っているが、たいていは人間の書いた通常の文と同じく、漢字や仮名の混じったもので、しかも内容的に支離滅裂《しりめつれつ》なものが多い。最近ではパソコンのキーボードを使って〝書記〟するという、いかにも現代的な例もある。

筆者は、日月神示のように、数字により大半が構成された霊的所産による文書を見たことがない（もしあれば是非《ぜひ》拝見したいと思っている）。この一つの点を以てしても、日月神示と他の霊示の類には、雲泥《うんでい》の差があることは明らかなのである。

霊界の真相⑧　霊人たちの衣服は身魂の位の高低で決まる

霊人たちはまた、地上人のように衣服を身にまとっているが、それは、われわれが身につけるような衣服とは少々違ったものである。

地上人の世界においては、身魂《みたま》の位の低い人であるにもかかわらず、外見上は高貴な服を着ていたり、反対に、身魂の位が高い人であっても、粗末な衣服を常に身につけているといったことが起こる。

これに対し、霊人たちの衣服は、その内分に相応したものとして表象される。つまり端的に言えば、内分が豊かで立派であれば、衣服もそれに応じて格調高い、見事なものとなるし、内分が貧しく、卑《いや》しいものであれば、衣服もそれに応じてみすぼらしいものになる、ということである。

「また天人の衣類も、その各々が持つ内分に正比例している。高い内分にいる霊人は高い衣を、低いものは低い衣を自らにして着することとなる。彼らの衣類は、彼らの理智に対応しているのである。理智に対応するということは、真理に対応するということになる」（『地震の巻』第十五帖）

スウェーデンボルグの説明にも、同様の記述がみられる。

「天使たちの着ている着物も、彼らのもとにある他の物のように、相応しており、それは相応しているため、真に存在している。彼らの衣服は彼らの理知に相応しており、それで諸天界のすべての者はその理知に従って着物を着ているのが見られ、それで理知に優劣があるため、衣服にも優劣がある。最も理知的な者は、明るく白いが、光沢のない衣服を着、それよりもさらに理知的

でない者は色さまざまの衣服を着ている」（178）

さらに興味深いことに、日月神示もスウェーデンボルグも、最高位に位置する霊人たちは、衣服を身につけておらず、裸形であること、及びその理由について述べている。

「ただし、最も中心に近く、太神の歓喜に直面する霊人たちは、衣類を着していないのである。この境地に到れば、すべてが歓喜であり、他は自己であり、自己は他であるが故である。しかし他よりこれを見る時は、見る霊人の心の高低によって、千変万化の衣類を着せるごとく見ゆるのである。また、衣類はすべて霊人の状態の変化によって変化していくものである」（『地震の巻』第十五帖）

「最も内なる天界の天使たちは、着物を着ていない」（178）

「最も内なる天界にいる者たちは、着物を着ていないのは、かれらは無垢《むく》〔無邪気〕であって、無垢は裸身に相応しているためである」（179）

「無垢な者と貞潔《ていけつ》な者とには、裸身は何ら恥辱《ちじょく》ではない、なぜなら彼らは罪咎《つみとが》をもっていないからだ」(8375)

スウェーデンボルグはまた、天使たちの衣服について、彼らと天界にて話したことを次のように証言している。これを読むかぎり、彼らの衣服は、内分の状態に応じて、彼ら自身が意識するしないにかかわらず、相応した服を着せられてしまうようである。また地獄にいる者たちの衣服についても述べているので、続けて引用してみる。

「天使たちの衣服は、たんに衣服として現れているのみでなく、真に衣服であることは以下により明白である、すなわち、彼らはたんにそれを見るのみでなく、手でそれに触れもし、また、彼らは沢山の衣服を持っていて、それを着たり、脱いだりし、使わないものはしまっておき、使うときは、再び着るのである。彼らは色々な衣服を着ていることを、私は数えきれないほど幾度も見たのである。私はあなたらはどこからその衣服を得られたのかとたずねると、彼らは、それは主からいただいたものであり、ときどき私たちは私たちの知らない間にその着物を着せられています、と答えた。かれらはまた、私たちの着物は私たちの状態の変化に従って変わります、第一と第二の状態では私たちは輝いた明るい着物を着ていますが、第三と第四の状態ではややそれほど明るくない着物を着ています、と言った。これも同じく、彼らは理知と知恵の方面で状態が変化するため、相応から来ているのである」(181)

「霊界の各々の者は、理知に従って、ひいては理知を生む諸真理に従って着物を着ているため、地獄にいる者らは、真理を持っていないため、実際着物を着て現れはするが、各々その狂気に従って、ぼろぼろの、むさくるしい、汚らわしい着物を着て現れ、またそれ以外のものを着けることもできない。彼らは裸であるのを見られないように、着物を着ることを主から許されているのである」(182)

霊界の真相⑨　霊人たちの食事は身体全体で〝歓喜〟を食べる

次に、霊人たちの食物について考察してみよう。

彼らもまたわれわれと同じように食べ物を食するという行為がある。

霊界において、神界と呼ばれる境界に住む霊人たち、つまり、天人や天使たちは、植物性の食餌《しょくじ》を好む傾向がある。これに対して幽界と呼ばれる境界に住む地獄霊たちは、動物性のものを好む傾向がある。地獄霊でも低級な霊たちほど穢《けが》らわしいものを食するようになる。動物の屍《しかばね》のような腐った肉を、奪い合いながら食らっている光景は、幽界の下層部に行けば見ることができるようだ。

日月神示には、この霊人の食について、比較的詳しい記述がある。いささか長くなるが、左に引用してみよう。

「霊人はまた、いろいろな食物を食している。言うまでもなく霊人の食物であるが、これまたその霊人の状態によって千変万化するが、要するに歓喜を食べているのである。食べられる霊食そのものも、食べる霊人も、いずれも食べるということによって歓喜しているのである。地上人の場合は、物質を口より食べるのであるが、霊人は口のみでなく、目からも、鼻からも、耳からも、皮膚からも、手からも、足からも、食物を身体全体から食べるものである。そして、食べるということは、霊人と霊食とが調和し、融け合い、一つの歓喜となることである。霊人から見れば、食物を自分自身たる霊人の一部

とするのであるが、食物から見れば、霊人を食物としての歓喜の中に引き入れることとなるのである。これらの行為は、本質的には、地上人と相通じる食物であり、食べ方ではあるが、その歓喜の度合および表現には大きな差がある。食物は歓喜であり、歓喜は神であるから、神から神を与えられるのである」（『地震の巻』第十五帖）

霊人の食というのは、歓喜を食べることを意味するという。これは、「食べる」という行為によって、食べている霊人と、食べられる食物が、お互いに喜び合う歓喜の交換・交流を意味する。

そしてこのことは、地上人の食にもそのまま当てはまるものである。己の生きるために動物（魚類を含む）の命を収奪して、その肉を食らうことは、相互性を持つ、真の歓喜の交流にはならない。食べる人間の側にあっては歓びであっても、食べられる動物の側にとっては明らかに歓びとはなっていないのだ。

それなら、植物を食べる場合も同じではないかと思われるかもしれないが、植物にとって人間に食べられることは歓びなのである。しかも、動物は食べられることによって死に絶えるが、植物はそうではない。実や葉や根が食べられても種が残る。一粒万倍《いちりゅうまんばい》という言葉がある通り、種を一粒蒔《ま》けば、千倍、万倍にも殖《ふ》えてまた還って来る。真の歓喜とは限りがなく、永続性を持つものである。

日月神示にはこのことが、

「草木は実を動物虫けらに捧《ささ》げるのが嬉《うれ》しいのであるぞ。種は残して育ててやらねばならんのざぞ、草木の身（実）が動物虫けらの御身《みみ》となるのざぞ、出世するのざから嬉しいのざぞ、草木から動物虫けら生まれると申してあろがな」（『雨の巻』第三帖）

と示されている。

もちろん、植物が人間に食べられることを歓《よろこ》んでいるのかどうかなど、〝科学的に〟証明できるものではない。しかし、自然界の霊妙な摂理《せつり》を冷静に見つめてみれば、直観的にこれが真実であることが判明するものである。

霊人の食に関する、先の日月神示の続きを見てみよう。

「以上のごとくであるから、他から霊人の食べるのを見ていると、食べているのか、食

べられているのか、わからないほどである。また霊人の食物は、その質において、その霊体の持つ質より遠く離れたものを好む。現実社会における、山菜、果物、海藻などに相当する植物性のものを好み、同類である動物性のものは好まない。何故なれば、性の遠く離れた食物ほど歓喜の度が強くなってくるからである。霊人自身に近い動物霊的なものを食べると歓喜しないのみならず、かえって不快となるからである。そして霊人は、これらの食物を歓喜によって調理している。そしてまた、与えられたすべての食物は、ことごとく食べて一物をも残さないのである」（『地震の巻』第十五帖）

また神示には、開運の仕方、病の治し方として、「一二三《ひふみ》の食べ物・一二三の食べ方」というものが説かれているが、要するに、自分の住む土地の近くで採れた穀物・野菜類を、よく咀嚼《そしやく》して食べるということである（第四章を参照のこと）。

ところでスウェーデンボルグは、この「霊人の食」については何故か触れていない。ただ、彼の霊的知覚がすべて開かれたと思われる象徴的な出来事が彼の身に起きた時、一人の天使（イエス・キリストであったという）から食道楽への惑溺《わくでき》に関する注意があったことが、彼の著した『霊界日記』に記されている。

それは、一七四五年四月、スウェーデンボルグがロンドンのレストランで、やや遅い昼食をとっていた時のことである。

「白昼、昼食の頃、私のもとにいた天使が、

『食卓で腹いっぱい食べて、自分を甘やかしてはならない』

と私に話しかけた。

彼がまだ私とそこにいるあいだに、いわば私の体の毛穴から蒸気状の発散物が水のようにしみ出してゆくのを、ありありと私は見た。蒸気状のものは、さっと地面に落ちたが、地面にはカーペットが敷いてあるのが見え、そこに集まった蒸気は、さまざまな小さな虫に変わった。これらの虫が食卓の下に集まったかと思うと大きな音をたてて一瞬にして焼き尽くされてしまった。その火のような光も見えたし、その音も聞こえた。

このようにして、不節制な欲望から生み出された小さな虫は、みな私の体から追放されて消えうせ、そのときに私は浄められたのだと思う。このことから、ぜいたくな食事とか、それに類したことの根本的な性質がどんなものであるかが明らかだ」（『霊界日記』397）

この時、天使がどういう意味で「食べすぎるな」と言ったのかについては、研究者の間で様々な議論がなされてきたようだが、筆者はとりあえず、この出来事を機会にスウェーデンボルグの霊的知覚がすべて開き、霊界と通じるようになったことと、その出来事が起こったのが食事中であり、天使から食に関する注意を受けたこととの関連に注目したい。

何故なら、食を節して霊的知覚を開いたりする例が、日本にも多く見受けられるなど、霊能と食というものは、どうも切り離せない関係にあるらしいことを、筆者は認識しているからである。

霊界の真相⑩　神とは大歓喜の本体である

いま、霊人の食についての説明の中で、「歓喜」というものが重要な要素として出てきたが、ここでもう少し踏み込んで、歓喜の本質について、神示を引用しながら考えてみよう。

実はこの「歓喜とは何か」ということが本当にわかれば、霊界の仕組み、神の実体といった大きな謎がすべて氷解してしまうと言っても過言ではないのだ。

宇宙の本質は歓喜であり、万物万象は歓喜の体現である。神とは歓喜であり、神道とは歓喜の道である――本来ならば、こうした短い語句で以て、すべてこと足りてしまう。それほど、歓喜というものの理解は大切なのだが、われわれ地上人にとっては、これがなかなか理解しにくいところである。

日月神示には、神や宇宙、霊界の実相を説く箇所において歓喜という言葉が頻出《ひんしゅつ》する。まずは、『地震の巻』第一帖に示された次の神示をお読み頂きたい。

「宇宙は、神の中に生み出され、神と共に生長し、さらに常に神と共に永遠に生まれつつある。その用《はたらき》は愛と現われ、真と見ゆるも、愛というものはなく、また、真なるものも存在しない。ただ大歓喜のみが脈打ち、呼吸し、生長し、存在に存在しつつ弥栄するのである。存在は千変万化する形において、絶えず弥栄する。それは☉であり、◎なるが故である。☉は大歓喜の本体であり、◎はその用《はたらき》である。それは、善でもなく悪でもない。真でもなく偽でもない。美でもなく醜でもない。また愛でもなく憎でもない。プラスでもなければマイナスでもない。しかし、善の因と真の因とが結合し、悪の因と偽の因とが結合し、美の因と愛の因とが結合し、醜の因と憎の因とが結合して、二義的

には現われ、働き、存在として、またはたらく。善因は偽因と結合せず、悪因は真因と結合しない。これらのすべては、これ生みに生み、成りに成りて、とどまるところを知らない。それは、神そのものが絶えず、鳴り成り、成り鳴りてやまず、止まるところなく生長し、歓喜しつつあるがためである。神が意志するということは、神が行為することである。そして、さらに神の行為は、弥栄であり、大歓喜である」

非常に難解な神示であるが、ここには重要な真理が凝縮して示されていると言え、その内容を具体的に説くのは容易なことではない。

日月神示の原文には、◉という字（?）が非常に多く含まれている。これは、「神」とか「ス」と読む場合が多いが、文例によっては、「ひつく（日月）」と読む場合もあり、また「よろこび」「にほん」などと読ませている場合もある。

◉は主神を表した形であると同時に、弥栄の形を表したものである。

銀河系や太陽系などのマクロの世界から、分子レベルのミクロの世界に至るまで、この宇宙はどこを切り取っても◉の形をしている。これは、神の形であり、弥栄の形であり、歓喜の形である。

また原文には、◎という形も多く記されている。これは、ラ行を表すときに使われるもののようで、ラリルレロのうちのどの音かにあたるようになっている（ただし、他の例もある）。

この◎とは神の「はたらき」を意味している。つまり、⦿が千変万化する様々な働きとしてこの世に顕現するとき、⦿は◎となる。⦿が回転してウズとなるのである。

⦿は永遠に変わらぬ弥栄の仕組みであり、神の歓喜そのものである。これは「富士の仕組み」と呼ばれる。さらにそのはたらきは、ウズ（◎）となって現れるが、これは「鳴門《なると》の仕組み」と呼ばれる。このいわば「静」と「動」による「富士と鳴門の仕組み」により、神の経綸《けいりん》は進展し、物質界は練りに練り上げられ、やがて神の歓喜があまねく行き渡る地上天国（ミロクの世と呼ばれる）が顕現するのである。

霊界の真相⑪ 地上では行為することによって初めて〝祈り〟となる

神が意志することとは、行為することであり、神が行為することとは、すなわち弥栄であり、大歓喜であると神示にはある。

霊人もまた、霊界に住む霊的存在であるが故に、想念すること自体が行為することになる。しかし、地上物質界にあっては、肉体的な動きなど、物質を介して実際に行為することにより初めて歓喜となるという。

「すべてのものは歓喜に向かい、歓喜によって行為する。歓喜がその目的であるが故に、歓喜以外の何ものも意識し得ない。故に、歓喜より離れたる信仰はなく、真理はなく、生命はない。（中略）**歓喜は行為となる。行為せざる歓喜は、真実の歓喜ではない。ただ考えたり、意志するのみでは萌《も》え出でない。生命しない。ただ意志するだけで行為しないことは、まことに意志することではない。霊界においては意志することは直ちに行為となるのである。地上人にありては物質によりて物質の中に、その意志を行為することによって初めて歓喜となり、形体を為し弥栄えるのである」**（『地震の巻』第八帖）

右の神示により、地上人の歓喜の生み出し方というものが明らかになる。

つまり、真に正しいと思われることを、行為することによって、初めて歓喜として現れ、弥栄え行くことができるのである。

ただ心に思うだけ、想念するばかりで何もしないというのは、結局、歓喜としては現れず、したがって弥栄えず、生長しないことになる。

これは、「祈り」の本義にも通じることである。神示には、

「イノリとは意が乗ることぞ。霊の霊と霊と体と合流して一つの生命となることぞ。実力であるぞ」（『黒鉄の巻』第三十二帖）

「日々の祈りは行であるぞ。百年祈り続けても祈りだけでは何もならん。それは祈り地獄ぢゃ。祈り地獄多いのぅ。肉体人は肉体人の行せねばならん。日々の祈り結構いたしくれよ」（『黄金の巻』第百帖）

「そなたは祈りが足らんぞ。祈りと申すのは心で祈り願うことでないぞ。実行せねばならん。地上人はモノとしての行動をしなければならんぞ。口と心と行と三つ揃《そろ》わねばと申してあること、忘れたか」（『月光の巻』第四十四帖）

などと示されている。

祈りの真の意味とは、神の意に、人の意が乗ることにあるという。地上人は、マコトの行為を通じて初めて神のご意志に乗る、つまり波調を合わせることができる。

神の波調と人の波調とのズレを修正し、釣り合いをとることを「マツリ」という。

祈ることは行為することであり、またマツリ合わせることでもある。地上界にあっては行いを通じて、神の歓喜が地上界に流入することとなる。かくして祈りは実力となって現れ、地上人は、初めてマコトの歓喜の何たるかを知るのである。

霊界の真相⑫　人間の形は神の形であり、また大宇宙そのものの形である

ところで、われわれ人間の身体というものは、人種による違いなく、みな同じ形をしている。

当たり前すぎて、普段はまったく疑問に思ったりすることもないが、そもそもどうして人間はこのような形をしているのであろうか。

その答えは、日月神示に示されている。つまり、人間の形というのは、霊人の形と同じ

なのである。というより、霊界にまず霊人の形があるが故に、地上界に地上人の形が相応してあるわけである。

「地上人が、何故霊界のことを理解し難いかと言うと、それは、地上的物質的感覚と、地上的光明の世界のみが、常にその対象となっているからである。例えば霊人とは、地上人の心に通じ、あるいは、心そのものであると考えるためである。つまり、霊人は、心であるから、目も、鼻も、口もなく、また、手足などもない、と考えるからである。ところが実際は、霊人そのものが手を持つが故に、地上人に手があり、指を持っているが故に、地上人に指が生ずることを知らなければならない。しかも、霊人は、地上人よりはるかに精巧に出来ていることは、それを構成するものが精巧であることによって立証されるであろう。霊人は、地上人にまして一段と光明の世界にあり、一段と優れた霊体を有している」（『地震の巻』第十四帖）

そして霊人の形は同時に、神の形でもある。神の形としてのプロトタイプがあるから、それに相応して、霊人の形があり、霊人の形があるから、それに相応して、物質界に人間の形がある。

さらに言えば、この大宇宙もまた、人間の形に相応した形をしていると神示は告げている。

「人間が物質界にいる時は、それに対応した物質の衣、すなわち肉体を持ち、霊界に入った時は、それに相応した霊体を持つ。そして、それはまた完全なる人間の形であり、人間の形は、霊人の形であり、神の形であり、さらに大宇宙そのものの形である。大宇宙にも、頭があり、胴があり、手足があり、目も、鼻も、口も、耳もあり、また内臓諸器官に対応するそれぞれの器官があって、常に大歓喜し、呼吸し、脈打っていることを知らねばならない」（同右　第十六帖）

ここで、「完全なる人間の形」という言葉が出てくるが、これはスウェーデンボルグも、〝human form（人間の形態）〟という表現を使って同じことを述べている。

「死後も生きていると言われている霊魂について語るなら、霊魂とは、肉体の内部で生きている人間自身以外の何ものでもなく、したがって霊魂とは、肉体に連結している人間の純粋な部分である。そのため霊魂は肉体を手段としてこの世で果たすべき機能を果している。この霊魂によって肉体は生きている。死後、霊魂は霊と呼ばれる。霊は死後も同じように完全に人間の形態を取って現われる」(『霊界日記』4618)

また彼の説明によれば、天界というものは、それ自体が一個の人間の形をしており、それは「巨大人」と呼ばれているという。そして彼は、このことは地上人の間ではまだ知られてはいないが、諸天界の天使たちの間では非常によく知られていることであると述べている。

「天界は一つの全体として、一人の人間を表象していることは、世ではまだ知られてはいないが、諸天界では非常によく知られているアルカナ〔秘義〕である。この事実を、特定的に、また個別的に知ることは、天界の天使たちの理知における主要な事柄であって、そのことに多くの物がかかっており、そのことがその多くの物の共通の原理とならないならば、その物も明確には彼らの心に考えられないのである。諸天界はすべてその諸々の社会とともに一人の人間を表象していることを彼らは知って、そのため天界を『巨大人』、また『神的人間』と呼んでいる――神的人間と呼ぶのは、主の神的なものが天界を作っているということから来ている」(59)

霊界の真相⑬　神の歓喜は愛＝心臓、真＝肺と現れる

「巨大人」としての神の歓喜は、愛と真として現われ、またそのそれぞれは、肉体の器官で言えば心臓と肺に対応している。そして心臓(愛)と肺(真)は、意志と理解に相応しているという。これらの相関関係は、日月神示にもスウェーデンボルグの著作にも、まったく同じ説明が見られる。

「大歓喜は無限であり、かつ永遠に進展して行くのである。変化、進展、弥栄せぬものは歓喜ではない。歓喜は心臓として脈打ち、肺臓として呼吸し発展する。故に、歓喜は肺臓と心臓とを有する。この二つは、あらゆるものに共通であって、植物にもあり、鉱物にすら存在するものである。人間の場合は、その最も高度にして精妙なる根本の心臓と肺臓に通ずる最奥の組織を有する。これはもはや心臓と表現するにはあまりにも精妙

にして、かつ深い広い愛であり、肺臓として呼吸するにはあまりにも高く精巧なる真理である。而《しか》して、この二者は一体にして同時に、同位のものとなっていることを知らねばならない。それは心臓としての脈拍でもなく、肺臓としての呼吸でもない。表現極めて困難なる神秘的二つのものが一体であり、二つであり、三つの現われである。そこに人間としての、他の動物に比して異なるもの、すなわち、大神より直流し来たるものを感得し、それを行為し得る独特のものを有しているのである」（『地震の巻』第十六帖）

「意志のみでは力を生まない。理解のみでも進展しない。意志と、理解との結合によって弥栄する。このことは、中間の状態、すなわち、死後の世界の最初において、何人もはっきりと知り得る」（同　第十七帖）

われわれ人間にとって、右の真理は実に難解であり、すぐに納得することは不可能と言わざるを得ない。しかし、スウェーデンボルグも、同様ことについて膨大とも思えるほどの分量を以て解説を加えている。

彼の著作である『神の愛と知恵』は、大半がこのテーマについて書かれてあるが、その中の一節（三七一）には、「意志と心臓、理解と肺臓との相応」の理について、要点が簡単に整理されてある。それをそのまま次に記してみよう。

「〔一〕心のすべての物は意志と理解とに、身体のすべての物は心臓と肺臓とに関係している。
〔二〕意志と理解の、心臓と肺臓との相応が在り、従って心のすべての物と身体のすべての物との相応が在る。
〔三〕意志は心臓に相応している。
〔四〕理解は肺臓に相応している。
〔五〕この相応により、意志と理解とに関係し、かくてまた愛と知恵とに関係した多くのアルカナが明らかにされるであろう。
〔六〕人間の心は人間の霊であり、身体は外なるものであって、それにより心または霊が、その世界〔自然界〕で感じ、活動している。
〔七〕人間の霊と身体との連結は、人間の意志と理解の、その心臓と肺臓との相応によっており、その分離は非相応によっている」

これら七つの項目について、それぞれの説明に入るとあまりに長くなってしまうので、ここでは省略するが、一読して日月神示に示された内容と同じであることはおわかり頂けることと思う。

霊界の真相⑭ 「ミロクの世」とはどんな社会形態を言うのか

神示はまた、天国における社会形態と統治者のあり方について明らかにしている。これを理解するには、これまで本章で述べてきた霊的知識が役立つであろう。

天国にも、霊人たちにより構成される無数の共同体があり、そのそれぞれにおいて政治が営まれている。しかし、その政治とは、地上界におけるいわゆる「政治」とはまったく趣《おもむき》が違っているという。

天国の政治とは、一言で言えば歓喜の政治であり、そこには一切の強制や戒律は存在しない。何事も〝歓び〟と、〝歓び〟から沸《わ》き出づるところの〝奉仕〟により、中心歓喜たる統治者にまつわる形で運営が行われている。

その霊妙神秘なる仕組みについて、神示はこう記している。

「天国の政治は、歓喜の政治である。故に、戒律はない。戒律の存在するところは、地獄的段階の低い陰の世界であることを知らねばならない。天国の政治は、愛の政治である。政治する政治ではない。より内奥《ないおう》の、より浄化されたる愛そのものからなされる。故《ゆえ》に、与える政治として現われる。天国は、限りなき団体によって形成されている。そしてその統治は、各々の団体における最中心、最内奥の歓喜によりなされるのである。統治するものは一人であるが、二人であり、三人として現われる。三人が元となり、その中心の一人は、ゝによって現わされ、他の二人は、○によって現わされる。☉は、左右上下二つの動きの◎を為すところの立体◎からなっている」（『地震の巻』第十九帖）

つまり、天国の政治形態を単純に形に表すとすれば、〝☉〟になるのである。

この☉のゝが、各団体における統治者であり、さらに上位の霊界から神のキ（歓喜）を統治者が受け、○にあたる補佐役の統治者により◎となり、神の歓喜は力となって現れる。この時、中心の統治者と、補佐役の統治者は、一人であると同時に二人であり、三人でもあるという、実に地上人からすれば理解が困難な仕組みがある。

神示は、天国における統治の組織形態を、ゝ（ス）・ア・オ・ウ・エ・イの母音をあてながら説明している。

右の続きを引用してみよう。

「統治者の心奥のゝは、さらに高度にして、さらに内奥に位するゝの中のゝによって統一され、統治され、立体◎をなしている。天国では、このゝを、スの神と敬称し、歓喜の根源をなしている。スの神は、アの神と現われ給い、オとウとひらき給い、続いて、エとイと動き現われ給うのである。これが総体の統治神である。三神であり、二神である。ア・オ・ウは愛であり、エ・イは真である。これら天国の組織は、人体の組織と対応し、天国の一切の事象と運行は、人体のそれに対応している。オ・ウなる愛は曲線であり、心臓である。エ・イなる真は、直線であり、肺臓に対応して三五七と脈打ち、呼吸しているのである」（同右）

歓喜の根源にあたる中心の統治者（ゝ）は、〝スの神〟と敬称されるという。

㋟またはゝを、宇宙の根源神として解釈し、これを〝スの神〟と尊称するのは、真光《まひかり》系の教団（崇教真光《すうきょう》、世界真光文明教団など）が有名であるが、元はと言えば大本の教義にあったものであり、そしてさらに遡《さかのぼ》れば、出口王仁三郎にも多大な影響を与えた江戸後期の言霊《げんれい》学者・山口志道《しどう》らが唱えていたことであった。

最初にこれを提唱したのは誰であったか、確証はないが、神示に従えば、〻が統治神を表すもので、天国ではこれを〝スの神〟と呼んでいるのは事実ということになる。

そして、〝スの神〟は、まずアと現れ給い、続いてオ・ウと展開し、さらにはエ・イと動き現れる。先に述べたように、オ・ウとは日の霊人の多く使用する母音で、それは愛を表し、曲線的であり、意志に通じ、人体で言えば心臓に相応する。エ・イとは月の霊人の多く使用する母音で、それは真を表し、直線的であり、理解に通じ、人体で言えば肺臓に相応する。

なお、左の神示には、「肺臓に対応して三五七と脈打つ」と真の律について記すのみで、一方の愛の律については触れていない（欠落したものか）。筆者が書き添《そ》えるとすれば、オ・ウなる愛は、「心臓に対応して五七七と脈打つ」ということになる。

さてこの天国の統治者の統治のあり方について、神示は次のように説明している。

「これらの統治者は、権力を奪することなく、また指令することもない。よりよく奉仕するのみである。奉仕するとは、いかにしてよりよく融和し、善と真との浄化と共に、悪と偽の調和をなし、これらのすべてを神の力として生かし、さらに高度なる大歓喜に至らんかと努力することである。また統治者自身は、自分たちを他の者より大なる者とはせず、他の善と真とを先とし、その歓喜をまずよろこび、己はその中に融け入る。故にこそ、統治者は常にその団体の中心となり、団体の歓喜となるのである。指令することとは、戒律をつくることであり、戒律することが神の意志に反することを、これらの統治者は、よく知っている」（同右）

こうした記述から、天国の政治とは、ただひたすら〝よろこび〟により営まれる政治であることがわかる。統治者からはその共同体に属する霊人たちに〝よろこび〟が与えられ、その霊人たちからは統治者に〝よろこび〟が還ってくる。こうして歓喜の大循環が行われている世界が、天国の政治であり、社会なのである。

スウェーデンボルグによる「天界の政治」についての記述には、日月神示のような言霊による説明は見られないものの、言わんとしているところは同じである。

とくに、右の神示にある「統治者自身は、自分たちを他の者より大なる者とはせず……」という一節は、スウェーデンボルグの述べていることと完全に合致する。その該当部分を含む項のみ引用してみれば、そのことは誰の目にも明らかである。

「これらのすべてから、そこ（天界）の統治者とはどのような者であるか、すなわち彼らは、愛と智恵に秀《ひい》で、それゆえ皆の者の善を欲《ほっ》し、その善の実現のためにはどのように対処すべきであるかを智恵によって知っているような者たちであるということを知ることができる。このような統治者は、暴虐に振る舞ったり、威圧的に命令したりしないで、仕えたり奉仕したりするのである。奉仕するとは、善の愛から他の者に善をすることを意味し、仕えるとは善がなされるように意を用いることを意味する。また彼らは、自らを他の者たちよりも大きいものとしないで、むしろ小さいものとする、なぜなら、彼らは社会と隣人の善とを第一として、自分自身の善を最後とするからで、第一となっているものは何でも大きいものであり、最後のものは小さいものであるからである」（218　傍点筆者）

このような天国界の政治と共同体の形態を、現在の地上界の政治と社会とに比較対照させてみた場合、そのあまりの乖離《かいり》を表現するのに適当な言葉を見出すことはできない。

しかし、この両者の乖離は、やがて狭《せば》められて行き、いずれはまったく一致するものとなるであろう。その時こそが、この地上界が天国化する時であり、日月神示の言う「ミロクの世」が地球上に顕現する時である。

そしてその時は、時期的な問題については断定できないものの、必ず訪れることは疑いようもない。なぜなら、それこそが主神の経綸《けいりん》であるからであり、そのために物質界のすべてのものは生命し、活動しているからである。

霊界の真相⑮ 霊界に入っても引き続き物質界との交渉がある

このように、空想や幻想ではない霊界の実相というものがわかってくると、霊界とは遠い異次元の話ではなく、むしろわれわれの住む地上界と不可分の関係にあるという事実が、次第に明確になってくるであろう。

霊人とは、いわば内なる自分であり、地上人とは、外なる自分であり、いわば衣のようなものである。本当の自分とは、衣（肉体）を脱いで内なる自分がさらけ出された時の自分、すなわち、霊人としての自分である。

しかし、霊人となった後も、地上物質界との関係は失なわれないどころか、まったく表裏一体の状態に置かれる。ということは裏を返せば、地上人として生きている間も、霊人との関係は密接であり、表裏一体の状態に置かれていることになる。

地上人は、常に霊人と一体となって呼吸し、脈打っている。換言すれば、われわれは半分は地上界に生きているが、半分は霊界に生きているのである。

霊界とは、死んでから初めて籍を置くことになる異境の地ではない。今ここに、地上界に息づいていながら、すでに霊界に籍を置いているのである。

このことをより深く理解して頂くために、少々長くなるが、神示の次のくだりを引用してみることにしよう。

「死後の世界に入る時に、人々はまず自分の中の物質を脱ぎ捨てる。生存時においては物質的な自分、すなわち肉体、衣類、食物、住宅などが主として感覚の対象となるから、そのものが生命し、かつ自分自身であるかのごとくに感ずるのであるが、それは自分自身の本体ではなく、外皮に過ぎない。生長し、考慮し、行為するものの本体は、自分自

身の奥深くに秘められた自分、すなわち霊の自分である。霊の自分は、物質世界にあっては物質の衣をつける。故に、物質的感覚は、その衣たる物質的肉体のものなりと錯覚する場合が多いのである。しかし、肉体を棄《す》てて霊界に入ったからと言って、物質が不要となり、物質世界との因縁がなくなってしまうのではない。死後といえども、物質界とは極めて密接なる関係に置かれる。何故ならば、物質界と関連なき霊界のみの霊界はなく、霊界と関連なき物質のみの物質界は、呼吸し得ないからである。生前の霊界、生後の物質界、死後の霊界のいずれもが、不離の関係に置かれて、互いに呼吸し合っている。例えば、地上人は生前世界の気を受け、また死後の世界に通じている。現実世界で活動しているのが、半面においては、生前の世界とも、また死後の世界とも深い関連をもっており、それらの世界においても、同時に活動しているのである」（『地震の巻』第十七帖）

左の神示からは、次の事実が明白となる。

つまり、われわれ人間にとって、死後の世界の存在を信ぜずに、欲望のおもむくまま、刹那《せつな》的、享楽的な生き方をすることは誤りであるが、ただひたすら死後に安住《あんじゅう》の地を求めることもまた大いなる誤りである、ということだ。

生きながらにして天国に住めずして、死して天国に行くことは出来ない。

そのことは、日月神示にもハッキリ記されてある。

「天国と申すのは一人の大きな人間であるぞ。天国は霊人のみの住むところでないぞ。そなたたちも今住んでいるでないか。霊人も現界に住んでいるでないか。現界を離れて天国のみの天国はないのであるぞ。故にこそ、現界で天国を生み出し、天国に住めんものが、死んで天国へ住める道理ないのぢゃ」（『白銀の巻』第三帖）

この地球社会をより住みよく、暮らしよい世の中にしようと思い、一生懸命努力している人たちは世界中に大勢いるし、その数は増えていると思う。深刻化する環境問題を訴えたり、国家というワクを超えて、人類が共通して直面する諸問題に取り組もうとしている人たちは相当な数にのぼる。それはそれで大変良いことと思われる。

しかし、霊的真理を悟れば、自らの内に天国を顕現せずして、自らの外に天国（社会の理想的な状態）を創り出すことは不可能であることがわかる。まず内なる自分が天国的波調と交流するようになり、生きながらにして神の歓喜を受ける天国の住人とならない限り、外の世界が本当の意味で天国化していくことはあり得ない。

また、この世がそうした人たちで満たされない限り、地球上からは戦争や紛争は絶えることはなく、病気や貧困や犯罪もけっして無くなることはないだろう。

では、どのようにすれば、生きながらにして天国の住人となれるのであろうか。

次章においてはそのことについて、出来る限り具体的に解説してみたい。

第四章

悪を抱き参らせよ！

～迫り来る大難を小難に変えるために

いまこの瞬間が、魂のレベルを向上させる絶好のチャンス

これまで、霊界の仕組みやその真実の相《すがた》、地上界との関係といったことを出来るだけ詳しく述べてきた。

霊界などという世界は、もし本当にあるにせよ、どうせ死ねばわかるのだから、今から考えたって仕方がないとする意見も多くあるだろう。しかし、顕密《けんみつ》両界（現界と霊界）は隔離された存在ではなく、表裏一体、不可分の関係にある。われわれは今、この現界に居ながらにして、同時に霊界にも生きている。ここがポイントである。

肉体的な身体は、確かに現界にある。しかし、肉体というのはいわば仮の存在であり、衣服で言えば、一番外側に纏《まと》うオーバーコートのようなものである。もっと突き詰めて言ってしまえば、肉体はスクリーン上に映し出された幻影に過ぎない。本当の「自分」は霊界にあるのである。

では何故、人間は肉体などという鈍重《どんじゅう》なる衣を着てこの世に生まれ出で、物質界という不自由な法則・秩序の中で肉体上の生を全うしなければならないのか。

その大きな目的の一つは、霊性を高めて、神なる存在に少しでも近づくためである。

霊界では、同一の想念波調のものが集まって、同質の社会を形成している。天国的な想念波調を有する霊人は、自ずから天国的社会の中に身を置くことになるし、地獄的波調を有する霊人は、地獄的社会の中に身を置くことになる。

しかし、現界というところは、天国的な高い（細やかな）波調のものから地獄的な低い（粗い）波調のものまで、様々な波調が混在する特殊な世界である。

人はこの現界に在ることによって、身魂が磨《みが》かれ、悪因縁が解消したり、善徳を積むなどし、霊的な向上がはかられる。あるいは、霊界にあっては窺《うかが》い知ることの出来ないような神書に接したり、霊格の高い人と出会うことによって霊的研鑽《けんさん》を積むことが出来る。すなわち、現界に生きている時というのは、魂のレベルを向上させる絶好のチャンスなのである。

霊界にあっては、これがなかなか難しくなってしまう。想念的な波調の差異がなくなるために、いつまでも同じ環境や状態が続くということが起きる。

このことについて日月神示は、

「肉体あるうちに改心しておかんと、霊になっての改心なかなかぞ」（『松の巻』第二十二帖）

という言葉で示している。

さらに奥深い霊的観点から言えば、人と霊人、霊人と神、神と大神は、皆つながっており、一体のものである。

人が向上すれば、霊人も向上し、神、ひいては大神も向上する。完成から超完成、超大完成に向かって弥栄するのである。

「各々の世界の人がその世界の神であるぞ。この世ではそなたたちが神であるぞ。あの世では、そなたたちの心を肉体としての人がいるのであるぞ。それが神と申しているものぞ。あの世の人をこの世から見ると神であるが、その上から見ると人であるぞ。あの世の上の世では神の心を肉体として神がいますのであって限りないのであるぞ。裏から申せば、神様の神様は人間様ぢゃ」（『白銀の巻』第一帖）

という神示の一節は、そうした意味をふまえたものであろう。

だからこそ、われわれは霊的にひたすら向上を目指さねばならない。それは自分のためでもあり、霊人のためでもあり、神のためでもある。

また、天国的波調を持つ人がこの世に満ちるようになれば、自ずと幽界は消滅し――なぜなら、幽界とは人の歪《ゆが》んだ想念が生み出した世界であるから――霊界もまた完成から超完成、超大完成へと進み行くことになる。

この故に、肉体界に生きながらにして天国の住人となることの大切さを知る必要性が出てくるのだ。

本章では、そのための実践面にウェイトを置きつつ、その霊的真理について、神示を引用しながら見ていくことにしよう。

同じ愛、想念は自らの波調に相応する

先程、「霊界では、同一の想念波調のものが集まって、同質の社会を形成している」ということを書いたが、この法則は実はある程度、現実界においても適応される。

「類は類を呼ぶ」という諺《ことわざ》にもある通り、似た者同士が自然と引き合うということは、

読者諸氏にも経験が十分におありなのではなかろうか。

ケンカ好きで荒っぽい人には、荒くれ者が寄ってくるし、穏やかで素直な人には、やはり同じような性格の人が集まりやすい。そして、自然とそうした人たち同士の人間関係、あるいは職場環境の中に身を置くことになる。

もちろん、同じような性質の人ばかりが寄ってくるというわけではないが、だいたいにおいて、現界でもそうした傾向がある。

このことは、『黒鉄《くろがね》の巻』第八帖に、

「同じ愛、同じ想念のものは、自ら集まって結ばれる」


と示されている。

つまり、自分の周囲に展開している状況は、自らの波調に相応しているのである。

「人のふり見て我がふり直せ」という言葉は、右の真理からも極めて重い意味を持っていると言えよう。他人は自分の写しであり、自分がどういう人間かということは、自分がどういう人間に取り囲まれているかをよくよく見れば、ある程度はわかるものである。

この際、検討すべきは、物質的な富の豊かさとか、社会的な地位の高さといったものではない。むしろその人が如何なる想念波調を持っているか――清らかで正しく、素直で明るいものか、あるいは穢らわしく偽りに満ち、ねじけた暗いものか――が肝心な要素となる。

もっと大ざっぱに言ってしまえば、〝粗《あら》い〟想念波調を持っているか、あるいは〝精妙な〟波調を持っているか、ということに集約されるだろう。

高級な霊界（神界、天国界）の波調とは、極めて繊細で微妙なものである。そして、低級な霊界（地獄界）になるほど、粗雑で荒々しいものになっていく。

したがって、その人の身魂の本質的な波調が、無限の段階を有する霊界のどのレベルの波調と合致しているかによって、その人が籍を置くべき霊的境域というものが定まってくるのである。

生きながらにして天国の住人となるには、身魂の波調が精妙で、細やかなものでなければならない。

また、神は大愛であると言われるが、その人の持つ愛の性質が天界のそれと合致したものでなければならない。愛と言っても、愛の善もあり、愛の悪もある。神のマコトの愛とズレたものであっては、すなわち、幽界に通じるような歪んだ愛であっては、天国の住人とはなれないのである。

「マツリ」――「十」になるように和す

少なくともこの現実界に生きている限り、われわれは社会との交渉は切れない。このため本来ならば無縁であってもよいような、様々な感情にさらされることになる。

子供の頃であれば、素直で純粋なままで楽しく日々を送ることで許されたかもしれない（最近の日本では、子供であっても子供らしさを保てない環境になってきていることも確かである）が、大人になるとそうはいかない。

世間にはいろいろな人がおり、けっして善人ばかりではない。善人であっても悪しき想念は誰しもが持つ。様々な誤解や中傷をはじめ、嘘・ハッタリ・見栄・虚飾・謀略など、ありとあらゆる悪しき想念の渦の中にあっては、素直で純粋なままではとても生きてはいかれないというのが正直なところである。

正しく、全うに生きようとしても、またかたくなにそうしようとすればするほど、他との軋轢《あつれき》が出てきたり、奇異な目で見られたりする。一生懸命に、穏やかで、真で、正しい己であろうと思っても、怒りや焦燥感、不安感、悔しさ、悲しさ、心配事など、毎日のように悪しき想念が沸き上がってきてしまう。

それはそれで、致し方のないことである。

物事をなすには、急に押し進めてはし損じる。無理をすると、いつかは箍《たが》が外れるものである。

そこで、例えば「怒り」の心が沸《わ》いてきても、それを出来るだけ短く、小さく済ませるようにする。そして、いつまでも根にもたない。こうした行を積む。

「怒りの現わし方を出来るだけ小さく、出来るだけ清く、出来るだけ短くして下されよ」

（『月光の巻』第五十五帖）

「腹が立つのは、慢心あるからぞ」と神示には繰り返し出されている。

相手が激しく怒っている場合、自分もつられて怒ってしまっては何もならない。「売り言葉に買い言葉」で、次第にエスカレートするのみである。

相手が七と出たら三と受ける。二と出たら八と出る。こうして「十」になるように努めることが和すことであり、「マツリ」の一つであると神示にはある。

「相手七と出たら三と受けよ。四と出たら六とつぐなえよ。九と出たら一と受けよ。二と出たら八と足して、それぞれに十となるように和せよ。マツリの一つの道ざぞ」（『風の巻』第一帖）

また、怒鳴り散らしたり、大泣きしたり、馬鹿笑いしたりといった、激しい感情の起伏は、抑えるべきである。否、無理に抑えるというよりも、自然体でありながら、常に淡々として、穏やかな想念状態が保てるようになるのがベストである。

およそ低級な霊憑かりには、感情の起伏が激しい人が多いようだ。すぐに激昂《げっこう》したり、わめいたりしながら、神の言葉だなどと称する輩《やから》は、相手にしない方がよい。

愛とは何か――「お互いに喜びの湧き出づること」

神は愛なり、愛は神なりと説く宗教家もいるが、それはそれで誤りではない。神は大宇宙のすべてを受け容《い》れ、悪さえも包み込み、すべてを愛し、育んでおられる。また神は、悪を御用の悪として、その存在を許し給《たま》い、正しき方向に導かんとなされておられる。

しかし、愛だからと言って何でもいいわけではないと神示にはある。同じ愛でも、愛の善もあり、愛の悪もあるというのだ。こうした「愛の二面性」を説くのは、日月神示の大きな特徴である。

愛の善とは、神界から発して直流的に現界に至り、また直流的に神界に還元するところの、正しき循環サイクルを持つ愛である。このサイクルを「正流」または「内流」と呼び、正流に属する愛を「内の愛」と呼ぶ。

一方、愛の悪とは、人間の歪《ゆが》んだ想念が創り出したところの幽界《ゆうかい》から、現界へと流れ込み、現界からまた幽界にと還元する、正流とは外れた循環サイクルを持つ愛である。このサイクルは「外流」と呼ばれ、また外流に属する愛は「外の愛」と呼ばれる。

「愛にも内のものと外のものとがある。愛と申せば何でもよいと思うていてはならん。

愛の悪もあるぞ」（『春の巻』第十五帖）

「神は愛と現われ、真と現われるのであるが、その根はよろこびであるぞ。神の子は皆よろこびぢゃ。よろこびは弥栄《いやさか》ぞ。ぢゃがよろこびにも正流と外流とあるぞ。間違えてならんぞ。正流の歓喜は愛の善となって現われて、また真の信と現われるぞ。外流のよろこびは愛の悪となって現われるぞ。いずれも大神の現われであること忘れるなよ」

（『冬の巻』全一帖）

このことから、神の歓喜に属する正しき愛というものを見極めることが大切になってくる。そして、外流に属する愛の悪とは交わらず、愛の善に融け入るように努めることが肝要となる。

では、正しき愛とは何か。それをどのようにして見分ければよいのか。これについては、『白銀《しろがね》の巻』第三帖に示された、

「お互いに喜びの湧《わ》き出づることでなければ真の愛でないぞ」

という一節が参考になるだろう。つまり、自分も喜び、相手も喜ぶという、喜びによる和合でなければ真の愛とはならないのである。そしてなおかつ、そのよろこびとは、神のよろこびと和合一致したものでなければならない。

「和が根本、和がよろこびぞ。和すには神を通じて和するのであるぞ。神を通さずに、神をなくして通ずるのが悪和合。神から分かれたのであるから、神に還って、神の心に戻って和さねばならん道理。神なくして和ないぞ」（『秋の巻』第二十一帖）

自分も喜び、相手も喜び、神も喜ぶというのがマコトの愛であり、マコトの和し方である。自分だけの愛、あるいは、自分と相手だけの平面的な愛は、神の歓喜に通じるマコトの愛ではない。

神の歓喜とは、何ものをも犠牲にすることなく、皆が弥栄えていく道である。

ただし神示は、「自己愛」を悪とはみなしていない。自己愛を悪と説くこと自体が悪なのだとさえ述べている。

「他を愛するは真愛ぞ。己のみ愛するのは自己愛ぞ。自己愛を排してはならん。自己愛を拡げて、大きくして、真愛と合致させねばならん。そこに新しき道ひらけるのであるぞ。自己愛を悪魔と説くは悪魔ぞ。無き悪魔つくり、生み出すでないぞ」（『秋の巻』第六帖）

自己愛のみにとどまれば悪となるが、自分という小さなワクを超越し、自己愛を大きく拡げていくとき、自己は他と合一し、自分を愛するのと同じように他を愛するようになる。やがて無限大にまで拡大していくにつれ、自己は地球となり、自己は宇宙であるという境地に至る。「宇宙即我《そくわれ》」の最高の境地に達した時、その人はブラフマン（梵天《ぼんてん》。宇宙の最高原理の神格化）と一体となり、アヴァター（神人）となるであろう。

あるいはそのような境地に至ってこそ、「神は大愛なり」の真理が体得できるものなのかもしれない。

日月神示・大本神諭が説く男女の愛・結婚の霊的意義

男女の愛もまた愛の現れの一つであり、また霊性進化のうえでも重要な部分を占める一つでもある。

女は男を求め、男は女を求める。男女の愛は、人類普遍の永遠のテーマである。

しかし、欧米流の奔放《ほんぽう》な愛の概念の影響を受けてか、日本国内でも「色の乱れ」が近年では目立つようになってきた。とくに若い人々の間で、性のモラルが急速に崩壊しつつあるようである。これは、天界の真理にもとづく正しき愛の理、結婚の意義を教えてくれる霊的指導者がいないことが、主な原因であろう。

「神界の乱れ、イロからぢゃと申してあろう。男女関係が世の乱れの因であるぞ。お互いに魂のとりやりであるぞ。この世ばかりでなく、あの世まで続くのであるから、くどう気つけておくぞ」（『黄金の巻』第八十五帖）

などと神示にはある。一人の男性が複数の女性と肉体関係を結んだり（最近はその逆も多いと聞くが）、肉体的な快楽のみを求めて異性と交わることは、「色を乱す」行為にあたる。色を乱せば、神の歓喜（愛の善）との交流は断絶する。

そのため、やたらと安易に肉体的に結び付くのではなく、霊的に互いに高め合うという共通意識のもと、まず心が一つになることが大切となってくる。

心が一つに融け合うから、結果的に肉体的にも一つに結ばれるというのが、霊主体従による男女の愛である。肉体欲の充足が先に立ち、あるいはそれのみが目的となり、心や精神の融合がおざなりにされれば、体主霊従となり、愛の悪となってしまう。

ところで、男と女の真実の愛にもとづく究極の結合は、結婚という形をとって具現化する。結婚の霊的意義について、日月神示はあまり詳しくは触れていない。わずかに、

「出足の港は夫婦の道からぢゃと申してあろう。真理と申してあろう。これが乱れると世が乱れるぞ」（『春の巻』第二十五帖）

「夫婦愛はあるのではない。築き上げねばならんぞ」（『春の巻』第二十六帖）

「天国の礎《いしずえ》、出足の地場は夫婦からぢゃ。夫婦の道は一二三の道ぢゃ。和ぢゃ」（『黄金の巻』第四十三帖）

などとあるくらいである。

もちろん、夫婦和合が神の道であるとしていることは間違いない。

出口王仁三郎が、大本開祖・出口なおの昇天直後から、なおの『大本神諭《おおもとしんゆ》』を受け継《つ》ぐ形で国常立尊《くにとこたちのみこと》の神言として書記したとされる『神諭（伊都能売《いづのめ》神諭）』には、「一夫一婦《いっぷいっぷ》の神則」ということが明確に記されてある。

「人民は神に次いでの結構な身魂であるから、夫婦の道を大切に守り、一夫一婦の規定を守らぬと、終《しま》いには身を亡ぼし、家を破り、国家に害毒を流して、天地の規則破りの大罪人に落ちて苦しまねば成らぬ事が出来いたすぞよ」（大正八年三月八日）

結婚愛について、キリスト教的観点から詳しく述べているのは、スウェーデンボルグである。

彼は、こうした日本に降ろされた神示を敷衍する形で、「天界の結婚」について説明を加えている。

子を産む代わりに善と道理を産む「天界の結婚」

スウェーデンボルグによれば、天界における結婚とは、男と女が結合して一人になることである。このため天界では、彼ら配偶者同士は二人の天使と呼ばれずに、一人の天使と呼ばれているという。

「天界の結婚は二人の者が連結して一つの心になることである。（中略）心は二つの部分から成り、その一つは理解と呼ばれ、他は意志と呼ばれている。この二つの部分が一つのものとなるとき、それらは一つの心と呼ばれる。そのとき夫は理解と呼ばれる部分を作り、妻は意志と呼ばれる部分を作る。内部の連結であるこの連結が彼らの身体にぞくしたものの中へ降るとき、それは愛として認められ、また感じられ、そしてこの愛が結婚愛である。そのことから結婚愛は二人の者が連結して一つになることから発していることが明らかである。このことは天界では共に住むことと呼ばれ、彼らは二人ではなくて、一人であると言われ、それで天界では二人の配偶者は二人の天使とは呼ばれないで、一人の天使と呼ばれている」（『天界と地獄』367）

「男であれ、女であれ、人間は各々理解と意志を持っているが、しかし男のもとでは理解が支配し、女のもとでは意志が支配しており、人柄はその支配しているものに従っている。しかしながら天界の結婚には、なんら支配はない、なぜなら一方は他の一方のように、引いては相互的に、また交互的に意志し、考えることを愛する以上、妻の意志はまた、夫の意志であり、夫の理解はまた妻の理解であるから。このように彼らは連結して一人のものとなっている」(369)

右のことからも、一人の夫に一人の妻という「一夫一婦」は神則であることが明らかである。一夫多妻や、それに類する結婚には、神の歓喜は認められず、こうした結婚の状態にある者は天界の住人とはなれない。

スウェーデンボルグは天界の結婚について大変に多くのことを述べており、そのごく一部を抽出するとしても少々長い引用とならざるを得ないが、この「一夫一婦」が神則であることの理由として重要と思われる箇所を左に掲載してみたい。

「一人の夫と一人の妻以上の者との間にも真の結婚愛は与えられることはできない、なぜならこれは二つの心から一つの心が作られねばならないというその霊的起源を破壊し、従ってその愛の本質そのものが発生してくる善と真理との連結を破壊するからである。（中略）天使たちは以下のように言っている、一人以上の妻と結婚することは全く神の秩序に反しており、そのことを私たちは幾多の理由から知っているが、とくに以下の理由から知っている、すなわち、私たちは一人以上の者と結婚することを考えるとすぐに、私たちは内なる祝福と天界の幸福から遠ざけられて、酔《よい》どれのようになる、なぜならそのとき私たちのもとに善はその真理から分離するからである、と。それで彼らの心の内部は、そのことを多少の意図をもって考えるのみでそうした状態に陥るため、彼らは、一人以上の者との結婚により彼らの内なる心は閉じられ、結婚愛に色情的な愛が取って代わり、その愛により心は天界から遠ざけられることを明白に認めるのである」(379)

さらに続けてスウェーデンボルグは、天界で味わうことの出来る結婚愛が、その楽しさにおいて地上界のそれよりはるかに大きく、且《か》つ永続するものであることについて語り、またこの楽しさを知る人間はほとんどわずかしかいないということを述べている。

「彼ら（天使たち）はさらに以下のように言っている、人間はそのことを容易に把握しない、なぜなら純粋な結婚愛にいる者は僅《わず》かしかおらず、その中にいない者はその愛の中に在る内的な楽しさについては全く何一つ知っておらず、ただ色欲の享楽を知っているのみであり、その享楽は同棲後僅かな期間で嫌悪すべきものに変化するが、それに反し真の結婚愛の楽しさは世の老年期までも持続するのみでなく、死後は天界の楽しさとなって、内的な楽しさで満たされ、その内的な楽しさは永遠に益々完全なものとなっていくのである、と。彼らはまた言った、真の結婚愛の祝福の変化は数千も数えられることができるのに、その中の一つさえも人間には知られておらず、また主から善と真理との結婚にいない者によっては把握されることはできないのである、と」（同右）

男女間の恋愛や夫婦の霊的な意義については、まだまだいろいろと指摘しておくべきことがあるが、ここでは次の点を付記しておきたい。

それは、スウェーデンボルグが、天界の結婚にも出産はあるが、地上界のように子孫を残すという意味のものではなく、子を産む代わりに、善と道理を産む、と述べている点である。

「天界は以下の点で地上の結婚とは相違している。すなわち、地上の結婚はまた子供を産むためのものであるが、天界ではそのようなことはなく、そうした出産の代わりに、善と真理が産み出されている」(382)

これは、日月神示『地震の巻』第四帖に、

「霊人も子を生むが、その子は歓喜である。歓喜を生むのである」

と示されていることと同じである。前章で述べたように、神の歓喜とは、愛(善)と真(智)として現れる。その意味から、日月神示とスウェーデンボルグのこの記述は、まさに合致するのである。

「神界に戒律なし、戒律ある宗教は滅びる」の真意

仏教には、「三帰《さんき》五戒《ごかい》」というものがある。

三帰とは、仏・法・僧の三宝へ帰依《きえ》することであり、五戒とは、不殺生《ふせっしょう》（殺生しない）・不偸盗《ふちゅうとう》（人の物を盗まない）・不邪淫《ふじゃいん》（姦淫《かんいん》しない）・不妄語《ふもうご》（嘘をつかない）・不飲酒《ふおんじゅ》（酒を飲まない）の五つの戒律を守ることである。

仏教は日本では、飛鳥・平安・鎌倉・室町の中世時代に著《いちじる》しい発展を見せ、仏教文化を開花させた。江戸時代においては国学が盛んになり、明治維新が成って後には、新政府による神仏分離政策が施行され、廃仏毀釈《はいぶつきしゃく》運動が起こるなどしたが、日本人のいわば国教として深く根を下ろしたまま、現在に至っている。

しかし、今の僧侶たちの中で、実際にこの「三帰五戒」に徹している人はどのくらいいるのだろうか。おそらく、数えるほどではあるまいか。

確かに、大陸からもたらされた仏教は、日本人に受け入れられ、精神的な支えとして浸透するようになった。だが、仏教界の堕落ぶりもさることながら、日本人の霊性がどこまで仏教によって開発され、進展させられたのかを考えた場合、はなはだ疑問を感ぜざるを得ない。

神示には、戒律による何ものであっても、強制的なやり方では霊的な成長をみることは出来ないのだとある。

戒律は、霊界で言えば仙界の地上への写しである。仙界に住む霊人、すなわち仙人は、どのような高度なものであっても、幽界に属する。それは戒律があるからである。

「仙人と申すものは、如何《いか》に高度なものであっても、それは幽界に属す、仙人界には戒律があるからぞ。神界には戒律なし、戒律ある宗教は亡びる、マコトの宗教には戒律はないぞ。しかし神界にも仙人的存在はあるぞ」（『龍音之巻』第七帖）

天使や天人の住む神界には、戒律はない。だがそれは、何もかもが無秩序に行われている世界ではない。戒律的なものがなくても、けっして神界の律は犯されず、整然と秩序が保たれているのである。

「あれをしてはいけない」「これをしてはならない」などといちいち言われなくても、自ずから善悪の判断はつき、自分を無理やりに抑えたりしなくとも、神の定め給うた掟に従い奉って道を誤ることはない。すなわち、霊的な成長過程において〝大人〟になった霊人が住む境界、それが神界である。

無論、信仰の初期段階としては、ある程度自分を律するという努力は、人によっては必要である場合もあるだろう。

しかし、無理に抑えるばかりでは、実は霊的進化はのぞめないのである。結局は、自分が本当にやりたいこと、よろこびとして感じることが、天国のそれと完全に一致しなければ、天国の住人とはなり得ない。

「歓喜に審判なく、神に戒律はない。戒律は弥栄《いやさか》進展を停止断絶し、審判は歓喜浄化を裁く。このことは神自らを切断することである。裁きはあり得ず、戒律はつくり得ず、すべてはこれ湧き出づる歓喜のみの世界なることを知らねばならない」（『地震の巻』第五帖）

「すべて戒律的の何ものによっても、霊人も地上人も何等《なんら》の向上も弥栄も歓喜もあり得ない。半面、向上のごとくに見ゆる面があるとも、半面において同様の退歩が必然的に起こってくる。それは強《し》いるが為である。神の歓喜には、強いることなく、戒律する何ものもあり得ない。戒律あるところ必ず影を生じ、暗を生み出し、カスが残るものである。それは大神の内流によって弥栄する世界ではなく、影の世界である」（同　第十三帖）

右の神示から筆者は、神は人類に対して好きなこと、思うがままのことをやらせておられるように思う。やるだけやらせてみて、膨大な時間軸の中で、ただ悟る時を待つ。ひたすら黙したまま、すべてを許し、すべてを愛しつつ、育てておられるのが神である。

したがって神は、一方的に「裁く」ということをなさらない。「審判」のようなものもないけれども、神といえども曲げることはできないとされる法則・秩序、すなわち神の道は厳《げん》としてある。この法則・秩序に反した時に、自らの身に様々な不幸現象と呼ばれるものがふりかかる。

その意味において、もし「裁く」ということがあるとすれば、「自分で自分を裁く」ことになるわけである。

失敗を恐れるな！　浄化し、弥栄しゆく悪は悪ではない

信仰の経験が浅い段階では、むしろ神が身近に感じられるものである。

いろいろなものを地上の生きとし生けるものに与えたり、ときに応じて裁きを下したり、

奇跡を行ったりする絶対的な力を持つ支配者、それが神と言われる存在ではないか――と多くの人は思い、かつ信じている。

しかし、神とはそのように、人間の頭で簡単に割り切れたり、五感に感じたりする存在ではない。

様々な経験とともに、正しい霊的良識を得ていくうち、神とは、近づけば近づこうとするほど、その存在がいかに遠く離れたものかを痛感させられるものである。

神と人との間にある〝距離〟は、あまりに大きく、あまりに歴然である。一生や二生、あるいは五生や十生を要しても、神の何たるかはわからないかもしれない。しかし、もはや神に向かって永遠に一歩一歩近づいていきたいという思いからは逃れられない。こういう思いに至った時、その人は初めて神の御稜威《みいず》というものに触れる領域に入ったと言える。天国へ至る回廊《かいろう》の、とば口に立ったのである。

われわれ人間は、未完成であり、未熟な存在である。努めて善を行おうと心では思うことがあっても、なかなかそうは行かず、結局は悪いことやほとんど無意味なことを為すばかりとなり、神や天人・天使たちにご迷惑をかけてばかりいる。

善かれと思ってやっていることも、神の目から見れば悪であることが多い。戦争も、政治も、経済も、俗悪な宗教も、当事者は皆、自分なりに善《よ》かれと思ってやっているのだ。

しかし、それらは一段上から見れば、悪なことである場合がほとんどなのである。

だからこそ、神の実在を一度知った者は、神に対する畏敬と感謝と反省の思いを抱かざるを得ないのである。そして大切なことは、その思いを実行に移すことである。

実行に移そうとしても、おそらくは失敗の連続であろう。だが、それでよいのである。

早急に神人になろうとしても、そうはいかない。そうした目標に向かって進もうと、少しずつの努力を積み重ねることで良いのである。


「生前（注：現界に生まれる前）**の形式は、生後の形式であり、死後の形式である。すなわち、死後は生前の形式による。形式は愛と現われ、真と現われ、善と現われ、美と現われる。而《しか》して、その根幹をなし、それを生命させるのは歓喜であって、歓喜なきところに形式なく、存在は許されない。愛の善にして真の美と合一しなければ呼吸せず、現の現人にして霊の霊人と合一しなければ生命しない。これら二つが相関連せるを、外の真という。外の愛も外の真も、共に生命する。人間に偽善者あり、霊界に偽善霊の存在を許されたるを見ればわかるであろう。表面的なるものの動きも、内面的に関連性を持**

つ。故に、外部的に曲げられたる動きの許されてあるを知ることができるであろう。許されてはいるが、それは絶えず浄化し、弥栄すればこそである。浄化し弥栄しゆく悪は悪でなく、偽は偽でない。動かざる善は善でなく、進展せぬ真は真でない。さらに善を善とし、悪を悪として、それぞれに生かし弥栄するのを歓喜という。歓喜は神であり、神は歓喜である」（『地震の巻』第二帖　傍点筆者）

右の神示にある、〝浄化し弥栄しゆく悪は悪でない〟という一節には、神の大愛による歓喜弥栄の仕組みがよく現れている。

われわれの目には悪的に映《うつ》るものといえども、それが浄化し、善に向かって進みつつある悪ならば、悪ではないというのである。

これは逆に言えば、これでよしとして留《とど》まってしまえば、悪となってしまうということを意味する。「私は悟りをひらいた」「私は解脱《げだつ》した」などと本気で考える輩は、実は自らの外道の悪を露呈しているようなものだと言えるだろう。

神の歓喜（⦿）は、歓喜のウズ（◎）となって現れ、弥栄え行く。善・悪、真・偽、愛・憎、美・醜《しゅう》、すべてを抱き参らせながら、さらに完全なる歓喜へと向かって進みつつあるのである。

みずからは悪のキを断ちつつ、悪を抱き参らせよ

ところで、日月神示にはよく「悪を抱き参らせる」という言葉が出てくる。悪を殺したり、排除したりする考えや行為そのものが悪であり、悪を抱き参らせ、御用の悪として生かし育てんとすることが神の御意志であるということは、すでに第二章においても述べた通りである。

だがこれは、自らが悪に染まり、悪と交わることを勧《すす》めているのではない。「悪に抱き参らされる」のではなく、あくまで「悪を抱き参らせる」のでなくてはならない。つまり、主体は善になくてはならないのである。

神示には、「悪を抱き参らせよ」とある一方で、「悪にくむのが悪」だとか、「悪の気を断て」などとも示されている。

その箇所を、いくつか挙げてみよう。

「悪神はいかようにでも変化《へんげ》るから、悪に玩具《おもちゃ》にされている臣民人民、可哀相なからこの神示読んで言霊《ことだま》高く読み上げて、悪のキ断ちて下されよ」（『雨の巻』第十二帖）

「神の国は神の国のやり方あると申してあろがな、善きは取り入れ悪きは捨てて、皆気つけ合って、神の国は神の国ぢゃぞ」（同　第十五帖）

「悪も神の御働きと申すもの。悪にくむこと悪ぢゃ。善にくむよりなお悪い。何故にわからんのか」（『黄金の巻』第九十七帖）

「悪は悪ならず、悪にくむが悪」（同　第九十八帖）

「悪は悪にのみ働きかけ得るのであるぞ。善に向かって働いても、善はビクともせんのぢゃ。ビクつくのは、悪に引き込まれるのは、己に悪あるからぞ。合わせ鏡と申してあろうが。悪の気断ちて下されと申しておろう。心の鏡の凸凹無くなれば、悪うつらないのざ。悪は無きものぞ。無きとは力無きことぞ。悪あればこそ向上するのであるぞ。悔

い改め得て弥栄するのであるぞ」（『白銀の巻』第四帖）

悪は神の働きの一つであって、悪を殺したり、排除したりすることは、神を殺し、神を排除することにつながる。しかし、自分自身は、悪の気を断つように努力しなければならない。

「悪抱き参らせ」とあるからといって、悪と和合し、悪と調和することとはまったく意味が違うのである。

近頃は、「とらわれない心」だとか「すべてを受け入れる心」などと聞こえの良い言葉を使って、「和合」とか「調和」の真の意味を曲解したり、すり替えたりする人が多いようだ。そうした動きに騙され、巻き込まれることのないように、日月神示に示された神言を心の芯にすえ、注意を払っていきたいものである。

「言を食べているのが霊ぞ」——神と感応する言葉を使うこと

天国の住人となるためには、心の修養につとめなくてはならないことは、だいたいどの宗教であっても、共通して説いているところである。

しかし、一見まともそうな宗教であっても、ほとんど対象外とされているのが、「言葉」の面と、次に挙げる「食」の面の二点であろう。

言葉とは神であり、神とは言葉である。古来から日本国は言葉には霊が宿《やど》ると考えられ、『万葉集』では、「言霊の幸はう国」と歌われている。

言葉に霊が宿るとした日本人の祖先たちは、実に直観的に言葉の持つ大切さをわきまえていたと言える。

言葉は波調であり、言葉の使い方次第で人の運命は左右される。

また、濁《にご》った言霊が満ちればそれだけ社会は乱れ、そうした社会が多くなれば、世界には暗澹《あんたん》たる波動の創り出す不幸現象が蔓延《まんえん》し、一路破滅へと向かうのである。


「神は言葉ぞ、言葉とはマコトぞ、息吹ぞ、道ぞ、マコトとはまつり合わした息吹ぞ、言葉で天地濁るぞ、言葉で天地澄むぞ、戦なくなるぞ、神国になるぞ、言葉ほど結構な恐いものないぞ」（『地つ巻』第三十四帖）

一度「言葉」として吐いた「言霊」は、幽質化し、やがて物質化するに至る。つまり、言葉とは目には見えないが明らかなエネルギーを持っており、それは大なり小なり実体となって現れるのである。

自己啓発セミナーの訓練や、潜在能力の開発トレーニングなどでは、「絶対できる」とか「必ず成功する」などという言葉を、気を込めて、繰り返し唱えるという特訓をしたりする。そして実際に、ある程度効果をもたらす場合がある。それは、想念に裏打ちされた言葉というものが、実力を持っているからである。

それだけに、言葉を正しく選び、正しく使用するということが極めて大切な点となってくる。

言葉に対しては、常に相応の霊人が感応している。そのことは、次の日月神示からも推察されるだろう。

「すべては大宇宙の中にあり、その大宇宙である大神の中に、大神が生み給うたのであるぞ。このことよくわきまえて下されよ。善のこと悪のこと、善悪のこと、よくわかってくるのであるぞ。故に、人間の生活は霊的生活、言《こと》の生活であるぞ。肉体に食うこと

あれば霊にもあり、言を食べているのが霊ぞ。霊は言ぞ。この点が最も大切なことぢゃから、くどう申しておくぞ」（『冬の巻』全一帖）

「霊は言を食べている」というのは、神示によるわかりやすい表現である。要するに、言葉はその波調に応じて霊と感応し、霊と感応するから〝言霊〟となり、実体を持つのである。また霊と感応するということは、究極には神と感応する。

「**人民が正しく言葉すれば、霊も同時に言霊するぞ。神も応**《こた》**え給うのであるぞ**」（『星座之巻』第二十帖）

最も理想的な言葉のサンプルは、祝詞《のりと》である。あのように完全なる善言善詞《ぜんげんぜんし》を、しかるべき身魂《みたま》の人が想念（気）を込めて奏上すれば、実際それなりに御神霊が感応し給う。

祝詞は御神霊に対して使用する言葉であるが、われわれ人間どうしの言葉であっても、本当ならば、雅《みや》びやかで和気《わげ》に満ちた善言善詞を使用する必要がある。神示によれば、日本語の古語こそが、マコトの言葉であるという。

「今の人民のは言葉でないぞ。日本の古語がマコトの言葉ぞ、言霊ぞ」（同右　第十九帖）

とはいえ、現代に生きるわれわれが、『万葉集』のような古語を日常に使うわけには（たとえそうした言葉を使うことができるにせよ）いかないというのが現実である。

よって、せめて乱暴な言葉や、汚い言葉は使わないようにする。他人の悪口や陰口はなるべく言わない。こうしたことに留意し、実行するだけでもだいぶ違うと思う。

それともう一つは、現代人はやたらと無駄に言葉を使う傾向がある。意味のない、くだらないことを、のべつまくなしに喋っている。

もっと言葉（言霊）を慎《つつし》むことが必要である。古神道の行には「コトダチ（言断）」といって、一定期間、言葉を一切発しないという行がある。

霊格が高くなるほど、人は無駄口を叩かなくなり、必要なこと以外は口にしなくなる。

そして、妙《たえ》なる光の言霊を以て、神を讃《たた》え、人々を誉《ほ》め、自分の置かれた環境を祝福し、自らの内と外に天国を顕現していくのである。

食の改善で〝運が開き、病気が治る〟具体的方法

言葉とともに重要なのは、われわれの命を養《やしな》っている、日々の〝食〟である。

食のことについては、既刊の拙著において何度も述べていることなので、もはやご承知の読者も多いと思うが、一応ここでも触れておかなくてはならない。

前章で紹介したように、『地震の巻』第十五帖には、霊人は、その性が遠く離れたものである植物性の食物を好んでおり、食べる側の霊人と、食べられる側の食物との間で歓喜の交流が行われているという記述がある。

地上人の肉体は霊人の〝容《い》れ物〟である以上、このことは地上人にもそのまま当てはまる。つまり、彼ら霊人たちと正しく感応するためには、彼らと同じ植物性の食餌《しょくじ》を日常的に摂取する必要があるということである。

植物性の食物は波調が細やかであり、動物性の食物ほど波調は粗くなる。そしてこれらの食物は、食べる人の霊性に大きな影響を及ぼす。

日月神示「五十黙示録《イセもくしろく》」、『碧玉之巻《あおたまのまき》』第八帖には、

「四ツ足を食ってはならん。共食《ともぐ》いとなるぞ。草木から動物生まれると申してあろう。臣民の食物は五穀野菜の類《たぐい》であるぞ」

とあり、神の臣民の食べ物として「五穀野菜の類」が挙げられている。

また、神の道に沿った正しい食べ物及び食べ方は「一二三《ひふみ》の食べ物・一二三の食べ方」と呼ばれ、次のように示されてある。

「一二三の食べ物に病無いと申してあろがな、一二三の食べ方は、一二三唱えながら噛《か》むのざぞ、四十七回噛んでから呑《の》むのざぞ、これが一二三の食べ方、頂き方ざぞ。神に供えてからこの一二三の食べ方すれば、どんな病でも治るのざぞ。皆の者に広く知らしてやれよ」（『日の出の巻』第八帖）

「遠くて近いものヒフミの食べ方してみなされよ。運ひらけ、病治って嬉し嬉しと輝くぞ。そんなことくらいで、病治ったり、運ひらけるくらいなら、人民はこんなに苦しま

んと申すが、それが理屈と申すもの。理屈悪と申してあるもの」（『冬の巻』補帖）

簡単にこれを説明すれば、「一二三の食べ物」とは、右の神示にある「遠くて近いもの」のことである。

牛馬や豚、羊などのいわゆる〝四ツ足〟は、人間に近い生き物であり、植物性のものは、人間からは遠い生き物となる。よって、「遠くて近いもの」の〝遠い〟ものとは、人間の性から遠い、穀物・野菜・海藻の類ということになる。

また〝近い〟ものとは、自分の住んでいる土地から近いところで採れたものという意味であり、食養で言う「身土不二《しんどふじ》」のことである。

これを合わせれば、「一二三の食べ物」とは、「自分の住んでいる土地の近くで採れた穀物・野菜・海藻類」という意味になる。

岡本天明氏は、「白紙の手紙」と題した論稿（前出『霊界研究論集』所収）の中で、「遠い食物と云《い》ふのは、性質の遠い意味、則《すなわ》ち猿の如き動物は人間に非常に近く、穀類とか野菜等は遠い、さう云ふ意味での遠いものを食べるのがよいのであります。また近いと云ふのは、あなたの住んでゐる近くで出来るものと云ふ意味で、同じ野菜でも百里も二百里も離れた所で出来たものよりも、近所で出来たものがよいと云ふ意味であります。（以下略）」

と書いておられる。

「一二三の食べ方」について、神示は、「一二三唱えながら噛《か》め」とか「四十七回噛んでから呑《の》め」と示している。これは「ヒフミヨイムナヤコト……」のイロハ四十七音を奏上する「ひふみ祝詞」にかけたものである。この「ひふみ祝詞」を心の中で唱えながら四十七回噛み、四十八回目の「ン」で呑み込むようにしなさい、というのが「一二三の食べ方」である。

ただ、これは一応の目安であって、最低でもこれくらいは噛みなさい、という意味に考えて頂いた方がよい。他の箇所には、「噛めば噛むほど神となるぞ」（『水の巻』第六帖）なども示されている。

与えられた「一二三の食べ物」に対し、感謝の気持ちを捧げ、拝むことによって、その食べ物を神仏に献ずるようにする。その上で、この「一二三の食べ方」を実行すれば、病は治り、運は開けるというわけである。

日月神示には、食に関する啓示が多くみられるが、それは、清らかで波動（エネルギー）

の高い食物を日々食することによって血を浄め、肉体細胞を活性化させるとともに、身魂の波調を精妙にし、天人・天使のそれに合致させることが、地上人にとって極めて大切な行となっているからである。

神と人とが一体となった姿を、☉というしるしで表せば、ヽは神のキであり、○は地上人の肉体である。神示には、誰でも○を綺麗にすれば、ヽが入り、真実の意味の神憑かりとなれると記されている。

「掃除すれば誰にでも神かかれるように、日本の臣民なりておるぞ、神州《しんしゅう》清潔《せいけつ》の民とは掃除して綺麗になった臣民のことぞ」（『上つ巻』第十九帖）

「神かかれる肉体沢山要るのぞ。今度の行は○を綺麗にする行ぞ。掃除出来た臣民から楽になるのぞ。どこにおりても掃除出来た臣民から、よき御用に使って、神から御礼申して、末代名の残る手柄立てさすぞ。神の臣民、掃除洗濯出来たらこの戦《いくさ》は勝つのぞ。今は一分もないぞ、一厘もないぞ」（『富士の巻』第五帖）

「この道で魂《たま》入れてくれよ、この道は〻、◯の中に〻入れてくれと申してあろうが。臣民も、世界中の臣民も国々も、みな同じことぞ、〻入れてくれよ、◯を掃除しておらぬと〻入らんぞ。今度の戦は◯の掃除ぞと申してあろがな」（『地つ巻』第十二帖）

「神の子は神としての自分養うことも、つとめの一つであるぞ」（『水の巻』第三帖）

「カイの御用はキの御用であるぞ。臣民はミの御用つとめてくれよ。キとミの御用であるぞ。ミの御用とは体の御用であるぞ。身養う正しき道、開いて伝えてくれよ。今までの神示読めばわかるようにしてあるぞ」（同　第十七帖）

「カイの御用」と礼儀作法についての注意点

さて、今挙げた神示の中に「カイの御用」という言葉が出てきたが、これは何を意味しているのだろうか。

これについての説明は、次の二つの神示によって明らかとなる。

「食い物大切に、家の中キチンとしておくのがカイの御用ざぞ、始めの行ざぞ」（『雨の巻』第十二帖）

「家の中キチンと食べ物大切がカイの御用と申してあろうがな」（『梅の巻』第十八帖）

つまり、食べ物を大切にし、無駄にしないこと。生産（農作物をつくり、収穫する）するのも消費（食べる）するのも、天地への感謝の念を以て行うこと。

それに、家の中の掃除や部屋の整理整頓を怠りなく行い、常に清浄の気を保つようにすること。これが「カイの御用」である。

「隗《かい》より始めよ」という言葉がある。遠大なことを望むのなら、まずは手近なところから始めなさい、という意味である。

神示によれば、こうしたことを行うことが始めの行であるという。つまりこれは、自分の命の糧《かて》である食物を大切にし、また一番身近なところからまずキレイにし、整えるところから始めるということである。

家庭は天国社会の最小単位である。家庭が第一に清らかで明るく、家族が愛和で一体化し、感謝の想念に満ちたものになっていなければ、何もならない。まずは基本部分の改革から始め、足場を固めるということである。

それから、礼儀作法の点について一言触れておきたい。

神界は、礼節の世界と言われる。日本は古来から礼儀正しさ、作法の美しさを伝統としてきた。それはマコトの神の道という観点からみても、理にかなったことである。

近頃は、言葉の乱れと共に、そうした良き伝統も失われつつあるが、実に悲しむべきことである。

「ちゃんと礼儀作法正しく致さな、神の光出ないぞ」（『まつりの巻』第九帖）

「順正しく礼儀正しく、神にも人にも仕え奉れよ」（『空の巻』第二帖）

など神示にも示されているように、礼儀を重んじることで、神のキに通じやすくなる。

本来ならば、神前でのおまいりの仕方、礼の仕方、挙止進退《きょししんたい》の仕方など、正しいやり方の習練を積むべきである。

また、日本の古武道や、茶道や華道などを習うことは、礼節を学ぶという点からも大変に良いことと思われる。

霊界は想念の世界であるが、物質界に生きる地上人は、「型」を踏むことによって、初めて想念が力を持つ。この故に、天国の住人となるためには、ある程度、神に対する礼儀作法というものを知り、身につけておく必要がある。

一人ひとりが真の神憑かりとなる経綸の段階

神示には、**「神かかれる肉体沢山要るのぞ」**とある。

また、**「神の臣民、掃除洗濯出来たらこの戦は勝つのぞ」**とあり、そのような臣民の数については、**「今は一分もないぞ、一厘もないぞ」**とも示されている。

神憑かりとは、世間一般で言うような、オカルトめいた、いかがわしいものではない。人間であればこそ、誰しもが霊界にも同時に生きているのであり、また神とも、大神とも通じている。身魂を磨き、この顕密両界にわたるパイプを浄化することにより、人は神と一体となる。元なる神性が甦ってくるのである。

その意味において、人は誰しもが神憑かっていると言える。これからは一人ひとりが、真実の神憑かりとして大地に立たねばならない経綸の段階に来ている。

第一章で述べたように、真実の神憑かりとは、神が憑かっているなどとは自分にも、他人にもわからないという、極めて微妙で繊細な波調のものである。奇跡を現わすなどして世人の目をひくような奇異なる行動を取る霊能者は、低級霊の容れものと判断して間違いない。誰が見ても「あの人には何か憑いているんじゃないか」と思うような粗い波調の輩は、実は神憑かりでも何でもなく、たんなる不幸な霊媒体質者に過ぎないのだ。

神示には、お土拝《おろが》みて米を作るお百姓さんこそが神の民であり、また、鍬《くわ》をとるお百姓さんが鍬を忘れ、己を忘れ、大地と一体となっている姿こそが真実の神憑かりなのだ、とある。

「神憑かっていないと見える神憑かりが真《まこと》の神憑かりと申してあろが。そこらに御座《ござ》る神憑かりは、みな四段目、五段目、六段目、七段目の神憑かりぞ。神憑かりとは、惟神《かんながら》のことぞ、これが神国の真の臣民の姿ぞ」（『日の出の巻』第二十一帖）

「お土拝みて米作る百姓さんが、神のマコトの民ぞ」（『地つ巻』第三十帖）

「神の守護と申すものは、人民からはちっともわからんのであるぞ。わかるような守護は低い神の守護ざぞ。悪神の守護ざぞ。悪神の守護でも大将の守護ともなれば人民にはわからんのざぞ、心せよ」（『雨の巻』第十六帖）

「いつでも神憑かれるように、神憑かっているように、神憑かっていても、我にも他にもわからぬようになりて下されよ。鍬《くわ》とる百姓が己を忘れ、大地を忘れ、鍬を忘れている境地が、マコトの御魂鎮《みたましず》めであり、神憑かりであるぞ」（『月光の巻』第四十九帖）

このようなマコトの神憑かりとしての臣民本来の姿に立ち戻った人々が、一人でも多く現れることにより、この地上界には神の光が少しずつ復活し始め、地上の天国化が推進される。一方、人類社会に迫り来る大難は、小難にとまつり変わるのである。

だからこそ、心ある者は不断の努力を重ねなくてはならない。

まず自ら進んで身魂を天国化し、本当の意味で神の憑かれる自己となる。家族全員が天国の住人となれば、家庭に天国が顕現する。こうした天国家庭が増えていくにつれ、地域社会が天国化され、国が天国化され、ひいては地球全土が天国化するに至るのである。

なお、右に列挙した神示は、一般的な神憑かりについて述べたものであるが、これとは別に、「特別神憑かり」というものがある。

それは、ある種の因縁にもとづいて、然るべき人物が特定の修法を行うか、神より強制的に身魂を磨かれて、より高度な神霊から直接的に稜威《みいず》を受けるような器になるというものだ。しかしこれは一般的なものではなく、大変な危険が伴う。神示には「九分通りしくじる」とある。

「誰でも霊かかりであるぞ。石でも木でも土でも霊かかりぞ。これは一般かみかかりであるぞ。特別神かかりは、神の御力を強く深く集める行がいるのぢゃ。九分通りしくじるのぢゃ。太陽の光集めること知っているであろうが。神の理《みち》をよりよく、より高く集める道がマコトの信仰であるぞ」（『春の巻』第二帖）

この「特別神憑かり」になるための「神の御力を強く深く集める行」については、神示には具体的な記述はない。だが、神道霊学を研究していくと、おおよその内容はわかってくるものである。

ただ、あくまで特別なもので、一般の人には必要なく、また興味本位で行われるものであっては断じてならないので、ここでは省かせて頂きたい。そういう「神憑かり」もあるのだということを知って頂くのみでよいと思う。

天界に至る道は常にあなたと共にある

神は歓喜であり、人は歓喜から生まれた子である。故に本来、苦しみや悲しみなどはなく、歓喜から大歓喜へと向かって弥栄に栄え行くのみである。

宗教によっては、現世では苦しくとも、信心すれば死後には天国、あるいは浄土に行かれると説くところもある。しかし、本書をここまでお読みになった方ならば、その考えが根本的に誤っていることが、おわかり頂けるであろう。

われわれは、誰しもが生きながらにして霊界に住んでいる。正しきマコトの道によれば、自ずから天界の住人となれるのである。

体的（物質的）にも満たされて、霊的（精神的）にも満たされる。どちらか一方というのはいけない。肉体（〇）も魂（ヽ）も、共に〝嬉し嬉し〟となるのが神の道だと神示にはある。


「身も心も嬉し嬉しなるのがマコトの神ぢゃ。物の嬉しさだけではゼロぢゃ。魂の嬉しさだけでもゼロぢゃ。よく心得なされよ。死後のみ説く宗教はゼロの宗教ぢゃ。迷うでないぞ。この世で天国に住めんもの、天国に行ける道理ないのぢゃと申してあろう。神は人間の命、人間は神の容れものであると申してあろう。人間の極まるところは神であるぞ。霊人は中間の存在ぞ。人間は神への土台ぞ。この道理わかるであろうが」（『黒鉄の巻』第二十一帖）

この真理が体得できれば、その人の人生は、よろこびに溢《あふ》れ、神の光に包まれた不動の人生となるであろう。

ある特定の宗教に入ったり、教祖にすがったりすることは、現代においては無意味なことである。多額の献金をしたり、浮世ばなれした修行を積んだり、秘術のようなものを授かったりしなければ救われない、などというのはまったくの見当違いである。それどころか、逆に人生の破綻《はたん》、家庭の崩壊という悲惨な結果をもたらすことにもなりかねない。

神示には、肉体的な諸々の欲を捨てた生活に入らなければ天国に通じないというのは誤りであり、社会的生活の中に行ずることこそが、天国へ至る正しい神の道であるということが示されてある。

正しい霊的良識をふまえ、肉体を持ってこの世に生きる意味を知り、社会的な生活の中で、悠々《ゆうゆう》、天地に歩むことこそ惟神の道である。そこには、教祖も、教典も、宗教団体も、必要ない。

惟神《かんながら》の道とは天地不二、神人合一の道であり、天国へ至る最も確実な道である。そしてそれは、自分の頭で真理を悟り、実践に移してこれを体験していく道である。

かつて唯一《ゆいいつ》神道を創唱した吉田兼倶《かねとも》は、「天地を以て書籍と為し、日月を以て証明と為す」（『唯一神道名法要集』）と言った。これを引く形で、大正期の大本でも、「天地を以て経と為し、日月を以て教と為し、終日其《その》業を勤《つと》む可《べ》し」という言葉を教条の一つに掲げていた。

まさにその通り、神の道には小難しい理屈や理論などは必要ない。大自然の摂理を見つめ、世界に起こっている現象を説法としてとらえ、よく耳を傾ければ、そこには道が示されている。

神は待っておられる。一人でも多くの心ある身魂が、天地の導きを素直に受け止め、真実の道を見定めて、自分の足で歩み出すことを。

天界は、常にあなたと共にある。あとは、自分の努力で扉を開き、歓喜の世界に身を投じればそれでよいのである。

あとがき――新装版に寄せて

日月神示により明らかにされた霊的真理の大海は、実はまだまだ続く。今回まとめたものは、その初級編と言えるだろう。

しかしこれだけの真理を窺い知るだけでも、その神秘性や奥の深さには、驚嘆すべきものがあると思われる。

私が最初にスウェーデンボルグについて書いたのは、1993年に徳間書店から出版した『真・霊界伝』（徳間書店）であった。後に『日月神示・死者の書』（1995年）、『日月神示・この世と霊界の最高機密』（2008年）と2度も判型を変えてリメイクされることになったのだが、この本を出したことがきっかけで、日本におけるスウェーデンボルグ研究の第一人者である、文化女子大学教授の高橋和夫先生（現在、同大学名誉教授）と知り合うようになり、多大な薫陶《くんとう》を受けた。

日月神示に興味を持たれた高橋先生に『地震の巻』全帖のコピーをお送りし、詳しく調べて頂いたところ、驚いたことに、先生いわく、スウェーデンボルグが説いていることと95%くらいは符合しているということであった。

天明氏は生前、もちろんスウェーデンボルグについてもご存じであったから、潜在意識の中にその霊界論が紛れ込んだのかもしれないが、『地震の巻』は日本人にとってわかりやすい神道的な表現をもって書かれており、もしこれが啓示などではなく自分自分の頭で書いたものだとしても、それはそれで岡本天明という人が天才だったことの証である、と先生は言われた。

それではちゃんと、真正面からスウェーデンボルグと日月神示をメインテーマに取り上げてみようと書き下ろしたのが、1996年に刊行された『日月神示・二日んの巻』（KKロングセラーズ）である。

そしてこのたび、長きにわたり絶版状態であった本書を、ヒカルランドの石井健資《たけし》社長のお力添えで、こうして再び世に出すことができた。実に二十年以上の歳月を経てまた陽《ひ》の目を見ることになったわけで、私も感慨ひとしおである。

今改めて本書の原稿を読んでみると、若かりし時の筆の勢いで、少々粗削りのところやストレート過ぎる物言いがだいぶ目につくが、どうかそのあたりはご容赦頂きたい。

ともかくあの当時は、私自身もいろいろと勉強させて頂きながら、日月神示、とくに『地震の巻』に示された内容が、スウェーデンボルグの書き遺した著作とあまりに一致していることを知り、驚いた次第である。

両者を比較検証することにより、日月神示に示された霊的真理が、紛《まが》い物ではなく、非常に正統なものであることが明らかにわかるであろう。読者にもこのことについて注意深く検討して頂くため、双方の引用を多く掲載する形を取った。

それにしても、スウェーデンボルグの神学的霊界研究が、日本神道の本質とまさしく共通している事実は、世の東西を問わず、宗教の元は一つであることを実感させるものである。

いずれ、世界の代表的宗教の本質が明らかにされるにつれ、本当の意味での宗教統一への動きはますます顕著になってくるだろう。その時に、「まとめ役」としての重要な使命を果たすことになるのが、神道的真理を備える日本であろうと思われる。

実は、驚くべきことに、そのことさえもスウェーデンボルグはすでに予見していたふしがある。彼の著した『最後の審判とバビロンの滅亡』の最終項には、次のように記されている。

「私は今後の教会の状態について天使たちといろいろ語り合った。彼らは以下のように語った。私たちは将来のことは知らない。なぜなら将来のことは主のみが知っておられるからである。しかし私たちは、以前教会人の陥《おちい》っていた奴隷と補囚の状態とは取り去られ、今や教会人は自由を回復し、そこから内的な真理をもし認めようと欲するなら、さらに良くこれを認めることができ、かくて、もし欲するなら、さらに内的なものとされることができることを知っている。しかし私たちは依然基督教会の人たちには希望は僅かしか持っていない。が、基督教世界から遠く離れ、そのため、『霊界の』悩ます者らから遠ざかっている或る国民には多くの希望を持っている。その国民は、霊的な光を受けて、天的な、霊的な人間になされることのできる国民である。また彼らは言った。現在内的な神的真理がその国民の中に啓示され、また霊的な信仰をもって、すなわち、生命と心の中に受け入れられ、彼らは主を崇拝している、と」(傍点筆者)

つまり、スウェーデンボルグはこの中で、「新しい教会」が「キリスト教世界」から出てくる可能性はわずかしかなく、むしろ、「キリスト教世界から遠く離れたところにある国民」から「新しい教会」の建設が始まるであろうことを述べている。また彼は、彼が存命中の十八世紀後半に、その「国民」に対して「内的な神的真理の啓示」が行われていたことを明言している。しかも、その「ある国民」に与えられる啓示がどのような「形」のものか、彼自身も知らされていないというのである。

これは、スウェーデンボルグに与えられた啓示とは異なる「形」で、キリスト教世界から離れた「ある国民」に別の啓示が降ろされている、という意味にも解釈できる。

十八世紀の後半、すなわち一七〇〇年代の最後には、日本列島ではマコトの神道の復活を予兆する動きが現れ始めている。

後に黒住《くろずみ》教を興す黒住宗忠《むねただ》は、安政九年（一七八〇）の生まれであり、文化十一年（一八一四）に「天命直受《てんめいじきじゅ》」と呼ばれる神秘体験を通じて、天照大神の御神徳の有り難さを説き始め、岡山を中心とした西日本一帯に信者を増やしていった。

また、寛政二年（一七九〇）には、井上正鉄《まさかね》が生まれている。正鉄の開いた禊《みそぎ》教は、東関東で多くの信者を得ていくが、これもまた日本列島に神の光が甦り始めた胎動と見ることが出来る。天保四年（一八三三）、正鉄は、〃ゝ⃝〃を名乗る神使の女性（〃甘露女《かんろめ》〃と呼ばれる）と霊夢にて出会い、これが禊教立教への回心体験となった。

それから天保九年（一八三八）、大和国の庄屋の主婦であった中山みきに〃天理王命《てんりおうのみこと》〃

が憑かり、天理教という巨大な霊的磁場が奈良盆地に発生、やがて全国に教線を延ばしていくことになる。

続いて、岡山の一介の農夫であった川手文治郎《かわてぶんじろう》（金光大神《こんこうだいじん》）は、祟《たた》り神として畏怖《いふ》されていた〝金神《こんじん》（天地金乃神《てんちかねのかみ》）〟と交流出来るようになり、安政六年（一八五九）、立教神伝《りっきょうしんでん》を受けて金光教が開かれる。

そして維新後の明治二十五年（一八九二）、丹波・綾部で極貧生活を営んでいた出口なおに〝艮《うしとら》の金神〟を名乗る神が憑かる。艮の金神の正体は、上田喜三郎《うえだきさぶろう》、後の出口王仁三郎によって「国常立尊」と見分けられ、世に出されることとなり、大本教（正しくは大本）として開花結実する。

かくして、大本が二度にわたる弾圧を受けて国家権力により潰された後、昭和十九年（一九四四）、岡本天明に「ひつくの神」が憑《か》かり、日月神示の伝達が始まるのだ。

その日月神示に、まさにスウェーデンボルグの説いた霊界の秘義と同じものが、神道的表現を以て、明確に開示されているわけである。

さらに、スウェーデンボルグの代表作として有名な『天界の秘義』には、次のように書かれてある。

「（前略）教会が教会でなくなるとき、すなわち、仁慈が死滅して、新しい教会が主により再び建てられつつあるとき、それはその古い教会がそのもとに存在している者たちのもとには、たとえ行われるにしても、稀《まれ》にしか行われないのであり、それは前に教会が存在しなかった者たちのもとに、すなわち、異邦人のもとに行われるのである」（2986）

ここにはハッキリと、「新しい教会」は、キリスト教会から見た場合の「異邦人」の手によって作られることが予告されている。

その「異邦人」が、日本人を指したものである可能性は、非常に高いと言わざるを得ないのである。

他にもこのことを補足する幾多の資料があるが、こうしたことからも、日本の地から、今後スウェーデンボルグの言う「新しい教会」建設の動きが起こって行き、それが世界に拡がるであろうこと、そしてその教導役としての使命を、真正なる神道が担っていくであろうことは、もはや疑いようもない。

その真正なる神道復活の具体的な現れの一つが、日月神示なのである。

すでに多くの人が気づいているように、今、世界は大きく変わろうとしている。一時的には、悲壮感や絶望感の漂《ただよ》う世相に落ち込んでいくこともあるかもしれない。しかしそれはすべて、これまでのアク（悪）の洗い出しなのであり、それもまた神の有り難い仕組みである。「禊《みそ》ぎ祓《はら》い」が終われば、その先には光明の世界が待っている。

ひたすら主なる神の存在を信じて、内なる神性を磨きつつ、出来るところを足場に霊的真理の実践を行っていけば、生きながらにして天界の住人として許されるだろう。

そしてそうした人たちは誰しも、何も憂《うれ》えることなく、〝嬉し嬉し〟の不動の人生が確立できるであろうことを、筆者は信じてやまないのである。

【参考文献】

『［完訳］日月神示』（岡本天明著・中矢伸一校訂／ヒカルランド）
『霊界研究論集』（岡本天明著／新日本研究所）
『天界と地獄』（イマヌエル・スエデンボルグ著／柳瀬芳意訳／静思社）
『神の愛と知恵』（イマヌエル・スエデンボルグ著／柳瀬芳意訳／静思社）
『天界と地獄』（エマニュエル・スウェーデンボルグ著／島田四郎訳／新教会）
『スウェーデンボルグの霊界日記』（エマヌエル・スウェーデンボルグ著／高橋和夫訳編／たま出版）
『スウェーデンボルグの思想』（高橋和夫著／講談社現代新書）
『日月神示・死者の書』（中矢伸一著／徳間書店）

中矢伸一プロデュース

月刊『玉響《たまゆら》』購読のご案内

日月神示で繰り返し説かれている“身魂磨き”とは、身体と魂の両方を磨くことです。その“身魂磨き”をサポートするという主旨のもと、毎月発行しているのが、中矢伸一が主宰する「日本弥栄の会」の会報誌、月刊『玉響』です。

月刊『玉響』では、日月神示をベースにしながら、日本人の精神性、古代史、宗教、霊的世界といった分野から一層深刻さを増す環境問題や経済、医療などを主体に、中矢伸一の最新の書き下ろし連載はもちろん、この世を切り開く先達とのスペシャル対談を掲載。

さらには強力な執筆陣の先生方が、マスコミでは取り上げられないビックリ情報、レア情報、ホンモノ情報を提供します。

月刊『玉響』年間購読料　10,000円（税込）

※購読のご案内・申込書をご希望の方は、返信用として94円分の切手を同封の上、下記までご請求ください。
※ホームページからもお申し込みができます。

日本弥栄の会（有限会社 東光社）

〒330-0854　埼玉県さいたま市大宮区桜木町 1-11-15
大宮ファーストプレイスタワー 1106
FAX：048-658-1556
E-mail：info@nihoniyasaka.com
ホームページ：
https://www.shop-tamayura.com/shop/html/ ➡

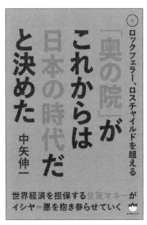

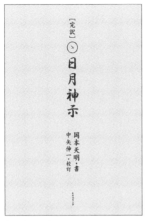

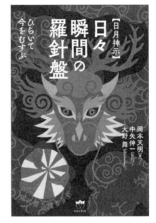

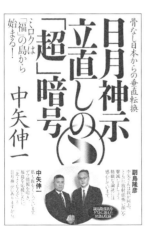

中矢伸一　なかや しんいち
1961年、東京生まれ。

３年に及ぶ米国留学中、日本を離れて外国で生活したことがきっかけとなり、日本と日本民族の特異性を自覚する。

帰国後、英会話講師・翻訳・通訳業に携わる一方、神道系の歴史、宗教、思想などについて独自に研究を進める中、ほとんど世に知られないまま埋もれていた天啓の書、「日月神示（ひつき しんじ）」と出会う。

「日月神示」とは、神道という言葉すらなかった時代から脈々と受け継がれて来た日本古来の叡智を開示した書物であり、これからの日本と世界が歩むべき方向性を示す指南書。その内容に衝撃を受けると同時に、現代日本で失われつつある日本精神の本質を知る。独自にそれを縄文神道、または日本精神のエッセンスと呼び、その研究と普及、実践に人生を捧げる。

1991年、それまでの研究をまとめた『日月神示』（徳間書店）を刊行。いきなりベストセラーとなり、以後ヒット作を相次いで世に送り出す。

これまでに刊行した著作は共著やリメイクを含めて70冊以上。

累計部数は150万部を超える。

現在、1994年創刊の会員制月刊誌『玉響』の制作・執筆を中心に活動中。会員向け講演会も行っている。

無料メルマガ「中矢伸一事務所 リアルタイムニュース」（毎月１日、15日配信）
有料メルマガ「飛耳長目」（毎週月曜配信）
http://www.nihoniyasaka.com/magazine/
Twitter「中矢伸一事務所」も随時更新中。
https://twitter.com/nakaya_shinichi

中矢伸一オフィシャルサイト
http://www.nihoniyasaka.com

＊本書は1996年にKKロングセラーズより刊行された
『日月神示《ひつきしんじ》二曰《じし》んの巻』に加筆した新装版です。

大峠に臨む
［新装版］日月神示 地震（二日ん）の巻

第一刷 2020年11月30日

著者 中矢伸一

発行人 石井健資
発行所 株式会社ヒカルランド
〒162-0821 東京都新宿区津久戸町3-11 TH1ビル6F
電話 03-6265-0852 ファックス 03-6265-0853
http://www.hikaruland.co.jp info@hikaruland.co.jp
振替 00180-8-496587

本文・カバー・製本 中央精版印刷株式会社
DTP 株式会社キャップス
編集担当 小暮周吾

ISBN978-4-86471-923-0

本といっしょに楽しむ ハピハピ♥ Goods&Life ヒカルランド

『ついに予言された《その時》が来た!
日月神示《秘密(火水)継承》10回連続講座』DVD全10巻セット
販売価格　122,222円（税込）

内記正時

黒川柚月

『日月神示』の最奥の秘密を最高峰の研究家2人が伝える
暗雲立ち込める日本の未来を紐解いた、講演会全10回完全収録DVD

『謎解き版［完訳］日月神示「基本十二巻」』三函六冊シリーズを上梓し終えた内記正時氏。日月神示のまさに生き字引『岡本天明伝』の著者である黒川柚月氏。まだまだ謎多き神示に隠された真実を「神示を肝に落とし込んで生きると決めた人」にだけ伝えるべく、最強の２人の講師を迎えて行われた全10回の貴重なコラボセミナー（2016年６月～2017年３月開催）を完全収録したDVD 全10巻です。神の目から見た破壊と再生創造の様相とはいかなるものか、極秘資料とともに２人が語り尽くします。この講座を受け取ったあなたが神示継承者となる――歴史的講座をぜひご覧ください。

内容：全10巻（全10回分の講義を収録）

内記正時のミロク世シリーズ著作群！

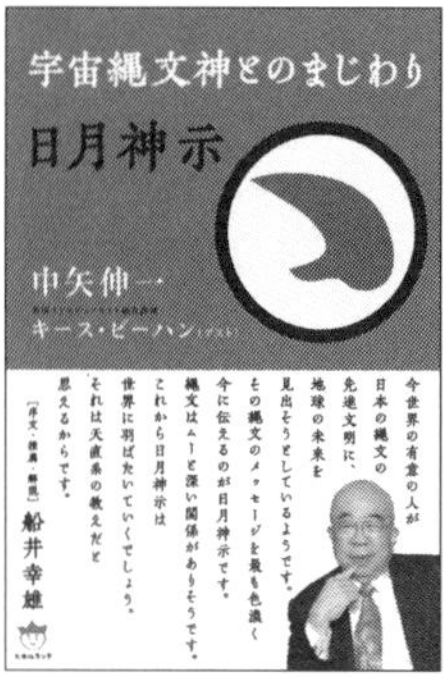

［宇宙縄文神とのまじわり］日月神示
著者：中矢伸一
序文・推薦・解説：船井幸雄
ゲスト：キース・ビーハン
四六仮フランス装　本体1,700円+税

日月神示　縄文サンクチュアリ【麻賀多神社編】
著者：中矢伸一、ジュード・カリヴァン
四六仮フランス装　本体1,700円+税

日月神示は逆説に満ちている！【謎解きセミナー in the book ①】
著者：内記正時
四六ソフト　本体2,000円+税

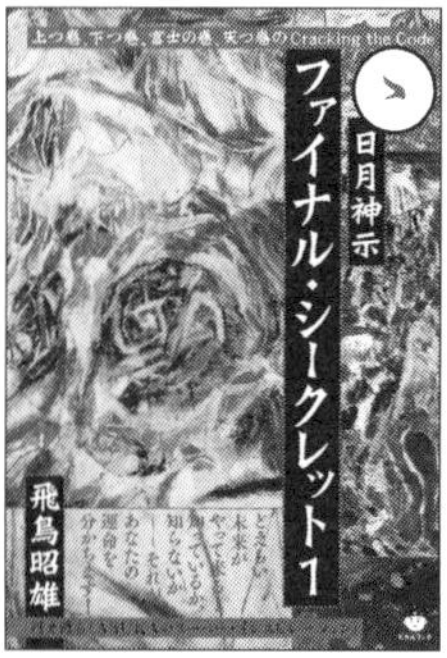

日月神示ファイナル・シークレット《1》
著者：飛鳥昭雄
Ａ５判ソフト　本体2,593円+税

日月神示「悪の御用」とマインドコントロール
著者：池田整治／内記正時
四六ハード　本体1,600円+税

この本があったからこそ……

［日月神示］夜明けの御用　岡本天明伝
著者：黒川柚月
四六仮フランス装　本体1,900円+税